[美]卡尔·克劳 著
徐阳 译

四万万顾客

九州出版社
JIUZHOUPRESS

图书在版编目（CIP）数据

四万万顾客 /（美）卡尔·克劳著；徐阳译. -- 北京：九州出版社, 2022.1（2022.10重印）
ISBN 978-7-5225-0734-7

Ⅰ. ①四… Ⅱ. ①卡… ②徐… Ⅲ. ①推销—工作经验—中国 Ⅳ. ①F713.3

中国版本图书馆CIP数据核字(2021)第269531号

四万万顾客

作　　者	［美］卡尔·克劳 著　徐　阳 译
责任编辑	王　佶　周　春
装帧设计	墨白空间·陈威伸
出版发行	九州出版社
地　　址	北京市西城区阜外大街甲35号（100037）
发行电话	（010）68992190/3/5/6
网　　址	www.jiuzhoupress.com
印　　刷	北京天宇万达印刷有限公司
开　　本	880毫米×1230毫米　32开
印　　张	9
字　　数	193千字
版　　次	2022年1月第1版
印　　次	2022年10月第4次印刷
书　　号	ISBN 978-7-5225-0734-7
定　　价	48.00元

★ 版权所有　侵权必究 ★

前　言

保罗·法兰奇

1926年，日后成为《纽约时报》(New York Times)任期最长驻华通讯员的美国资深记者哈雷特·阿班①初到上海，他的失望之情油然而生。沿着黄浦江溯流而上，第一次从舷窗凝视这座城的时候，映入他眼帘的却是美国某知名口香糖品牌的硕大广告牌——他觉得，这同沿着哈得孙河 (Hudson River) 航行也没多大区别。所幸，阿班克服了最初的失望情绪，坚持工作，最终成为外国驻华记者团的老前辈。

应当为阿班失望之情负责的，或许就是卡尔·克劳及其克劳广告公司 (Carl Crow Inc.)。克劳生于密苏里，当过记者，后成为上海广告大亨，其公司聚焦上海和长江流域，拥有中国最大的广告牌网络。如果你曾于两次世界大战之间在上海、长江流域乃至更远一些的江西、重庆或渤海湾生活、游历或仅仅是路过，那么一定会见到卡尔·克劳的广告牌。他的网络共有一万五千处广告点，这些广告十分抢眼。

---

① Hallett Abend (1884—1955)，亦作"亚朋德"或"阿本德"。——译者注

身处 20 世纪二三十年代，翻阅杂志、阅读报纸，或抬头看一眼你最爱的上海供应商附赠的年历，很可能就会瞥见克劳广告公司的大作。两次世界大战之间，克劳广告公司并非唯一的广告公司，但它做得最大，业务范围最广，客户的名声也最为响亮——别克（Buick）、旁氏（Ponds）面霜、高露洁（Colgate）牙膏、伊士曼柯达（Eastman Kodak）相机……这只是其中几例。

1911 年，卡尔以新闻工作者的身份来到上海。20 世纪最初几年，他先是在密苏里当实习记者（除了报道和编辑，他还在几家小报学会了排字、卖广告、印刷和分销），后为《沃思堡明星电讯报》（*Fort Worth Star-Telegram*）谋杀案版块做报道。此后他应密苏里老乡托马斯·密勒（Thomas Millard）之邀来沪。密勒曾放弃在纽约当剧评家的机会去报道义和团运动（1900 年），随后留在中国，成为上海广受尊重、思想开放的"中国通"之一。密勒彼时致力于创办一种全新的英文报刊——《大陆报》（*The China Press*），以美国人的视角报道中国事件，他聘请卡尔加入创始团队。在报道了辛亥革命、中华民国的创建以及北洋政府时期、军阀混战的开始以及长江流域的可怕洪灾之后，卡尔赴日停留一段时间，随后于第一次世界大战期间回到美国，1918 年，他重返上海开办了克劳广告公司。

他十分清楚那时中国报业的收益从何而来——绝不是从新闻报道中。确切地说，能赚钱的是广告。第一次世界大战后，对中国物产和商品的强劲需求以及新兴中产阶级和工商大亨撑起的全新的活跃消费市场，驱动上海经济飞速发展。这家广告公司很快就繁荣起来了——起初只是在几个小办公室里将就，随后迁至紧挨上海地标外滩的仁记路（今滇池路）81号，以中文名"克劳广告公司"运营。

那些年，克劳的团队始终以十二人左右的数量从事着各项活动：在中国各地的报纸和杂志购买版面，直接邮寄广告，监督克劳广告帝国的运营执行以及中英文广告的设计。

他为外国客户提供独到的服务，因此获得了可观的收入。他雇了六个人专门张贴广告海报，这些人从上海溯长江而上直至湖北，足迹遍布六十座城市，有些城市甚至远在上海公共租界一千英里[①]开外。这些员工时常会遇到麻烦，需要应付那些向他们索取各类贿赂和非官方"税费"的地方官员，以换取广告张贴许可。

克劳的美术部之大，在上海仅次于商务印书馆（Commercial Press，"东方最大的出版社"），以及仅仅自家图画部就占据了一个浦东仓库的英美烟公司（British American Tobacco，BAT）。他不时聘请最负盛名的中国商业画家，以及外国画家——比如本书大量精彩插画的创作者、"白俄"漫画家萨巴乔（Sapajou）。在两次世界大战之间，黄浦江边的贸易区萌发出了一种上海摩登风格，克劳广告公司中西合璧、传统与先锋兼容的广告画就是其中必不可少的组成部分。

在《四万万顾客》中，卡尔对自己公司的收益鲜少提及。本书中有一系列引人入胜的逸闻趣事，详细描述了外国公司在华遇到的问题以及存在的隐患，作者对当时西方商人的愚蠢和天真感到窃喜。但他本人在二三十年代过得非常滋润，无论是繁荣还是

[①] 1英里约合1.61千米。——译者注

萧条时期。他不仅能从中国沿海地区报刊公司的老朋友和老同事那里拿到优惠费率，还能通过批量购买的方式从中国出版机构那里获得大幅度的广告费折扣。他以同等经费在报纸上刊登广告的数量是其他代理公司的两倍，这对他的利润和顾客的预算来说都是好事。室外广告业务同样可以让他大赚一笔。他住在公共租界的一座豪宅中，拥有一辆大车，并且时常周游中国。他在上海成了名人——担任美国总会（American Club）会长，在众多委员会和慈善机构任职，还创办了六种报纸和杂志。

克劳在华经营广告生意的探险经历，最终都浓缩进了初版于1937年、使他一举成名的畅销书《四万万顾客：一个美国人在中国的喜怒哀乐以及他从中学到了什么》中。其纽约出版商哈珀兄弟公司称《四万万顾客》是"一本引人入胜、令人捧腹的书，为数以万计的读者描绘了我们的东方邻居，直率而敏锐"。这本书迅速走红，被译成多种语言，并多次重印，甚至有一版是美军为驻沪美国士兵印刷的袖珍本。本书一经出版便收获了英美报刊无数好评，被"每月之书俱乐部（Book of the Month Club）"列入阅读书单，并被哈珀的杂志评为"新发现（Find）"。普利策奖（Pulitzer Prize）得主卡尔·范多伦（Carl Van Doren）在《波士顿先驱报》（*Boston Herald*）中将其描绘成"几乎适合各类读者享用的人性盛宴"；而欧·亨利奖（O'Henry Prize）获得者、作家多萝西·坎菲尔德（Dorothy Canfield）则在《每月之书俱乐部新闻》（*Book of the Month Club News*）中将其称为"对中国人生活最具有说服力、最生动的描述之一"。伦敦《泰晤士报》（*The Times*）称，"任何一个想在中国做生意的人都不能抱着侥幸心理绕开它"。《新闻周刊》(Newsweek)描绘该书:"……风趣地讲述了中国人古怪和不喜变化的性情,富于人情味。"

在《四万万顾客》中,卡尔语言幽默,却始终富于洞察力并具有信息量。对广告业的痴迷,促使他投入大量的时间来研究普通的中国男人和中国女人——他们是消费者,是购买者,是步入新社会之后受到越来越多可供选择(或拒绝)的产品与服务的诱惑的人。与此同时,他还审视了外国公司对中国和中国顾客始终存在的种种错误观念。他时常将自己描述成"业余人类学家"。本书让克劳一举成名,使他不断收到粉丝来信,直至他1945年去世。一位美国广播的播音员评论,要去中国,必读此书,并建议去上海的人都要见见克劳。曾有一段时间,克劳一看到美国来华的客船靠岸就会心惊胆战,因为迫不及待的读者和游客会来到他的办公室登门拜访,并要求来一次美国无线电里所承诺的上海游。

克劳阐释了为何看似潜力无限的中国市场并未成为诸多美国公司的金矿,反倒成了陷阱,言辞间流露出独特的风格与睿智,这本书之所以如此畅销,从很大程度上来说取决于此。许多公司排着队追逐占领中国市场的梦想,克劳的结论却震碎了他们的幻觉:"无论卖什么,你都能在中国大赚一笔,前提是该买你东西的中国人的确愿意掏腰包。"仅此一句便可看出本书为何在今天仍具启示意义——或许比初版后的任何一段时期更甚。它同样还表明,尽管身处21世纪,跟中国人做生意存在许多新的注意事项,但面对今天的这13亿顾客,同样需要关注那些容易被忽视、误解或视而不见的不变真理。

自1918年创办之后,克劳广告公司经营得风生水起。直至

1937年8月上海燃起战火，较早批判日本在华扩张的卡尔成了通缉对象，被迫离开上海和他的公司。他的大部分钱财都无法带走，丢了豪宅，最终也失去了生意。虽然生意被毁了，但当他在中国生活了二十五年返回故土美国后，《四万万顾客》的成功让他凭借更响亮的名声重振旗鼓。在随后的几年里，他将精力投入到创作之中，直至早逝，他完成了一系列关于中国和中国人的书——其中就包括之前（在英国）再版的《洋鬼子在中国》（Foreign Devils in the Flowery Kingdom），讲述他在上海度过的时光，帮助美国人理解中国，下意识地鼓励美国人主动支援在第二次世界大战中与日本进行殊死搏斗的中国人。

《四万万顾客》中呈现的洞见来自一位对自己第二故乡有着深刻了解和理解的中国通，也避开了（那个时代）极为常见的刻板印象书写方式以及自以为是的西方优越感。20世纪30年代晚期，它在讨论中国的众多出版物中跻身为流传最广的作品之一，并迅速成为我们喜欢的滥用表达——"经典"，如今它依然还是。

我为克劳创作的传记最早出版于2006年，所以现在我可以开心地说，人们对克劳的记忆更清晰了。这部传记更是让几家英语出版商为新读者群体重版了几种克劳的作品。多位中美学者对他的工作做出了全面的评价，普遍将他视作第二次世界大战期间以及战后中美关系和相互理解的一座重要桥梁。已有学者将克劳对中国和中国人民的描述同另一位书写中国、拥有众多读者的美国人埃德加·斯诺（Edgar Snow）的描述做了比较研究。斯诺在作品中展开政治分析，并将1949年以后的中国领导层介绍给西方世界，而克劳侧重于人性、流露着谦逊的中国战前分析恰与之形成鲜明对比。同时阅读克劳和斯诺，能够加深我们对这两位作者的理解。同样让我感到心满意足的是，克劳在多家机构——包括上海美国商会，都得到了认可。2015年上海美国商会举行百年庆典，在他们列出的重要美国商人中就有克劳。最后，更让我倍感荣幸的是，我将克劳美国大家庭的众多成员聚到了一起。这些年来，克劳的多位后人发现了这本书，随后又通过我发现了彼此。他们中大部分人对克劳在中国的际遇原本只有模糊的概念，他们原本不太了解克劳对彼时上海的影响，不太了解他在这座城市以及我们关于如何在华经商的思考中留下的痕迹。克劳始终将自己称作"老资格中国通"和"中国的老朋友"——事实证明，人们对他的记忆也是长久的。

本文作者著有《卡尔·克劳：一位老中国通的上海往事》(*Carl Crow—A Tough Old China Hand*，Hong Kong University Press，2006)

献给海伦

目 录

前　言　/保罗·法兰奇

序　/卡尔·克劳

第一章　不同寻常的顾客 1
第二章　中国小姐发现美腿 15
第三章　无利润销售也可发财 26
第四章　海鸥在这里会挨饿 42
第五章　推销无须推销员 53
第六章　找工作，保工作 64
第七章　工作斗志和驱鬼记 77
第八章　凛遵！ 90
第九章　"快听！快听！狗真的叫了！" 102
第十章　鱼和绳，西瓜子 112

第十一章　很少有人能读报 121

第十二章　顺子和同花 136

第十三章　中国疗方 149

第十四章　鱼翅和皮蛋 160

第十五章　保面子，丢面子 176

第十六章　神圣的饭碗 186

第十七章　几种黑心事 198

第十八章　出口商约翰牛和山姆大叔 214

第十九章　每天一个苹果 229

第二十章　各国比邻而居 241

附录

　　"临城大劫案"中的克劳　/舒　雨 243

　　卡尔·克劳小传 257

　　萨巴乔小传 265

译后记　"隔"与"不隔"/徐　阳 268

出版后记 273

序

卡尔·克劳

关于中国的书已经出了不少,也有新作在不断问世,每逢一本讨论这个有趣国家的新书出版,作者就要开启自我辩护模式。读者自然有权要他解释,为什么他认为有必要写一本新书,为什么他把这书写出来了。书架上已经堆满了由宗教作家、旅行家、政治家、幽默家、哲学家、经济学家以及拥有其他专业背景的作家们撰写的书籍,读者或许会问:前人已经写了那么多,我再补上一本,是抱有怎样的希望呢?为什么我还有胆量去尝试呢?

我的职业就能为我提供正当理由,我做的是广告推销代理,这是一个需要专业知识,至少可以说有赖于专业实践的行当,我的职业背景,不同于书写关于中国图书的其他众多作者。这个行当出现得相对较晚,或许该容我解释一句:我们并不像许多外行想象的那样,成天追着任何一位可能禁不住诱惑的顾客拼命发广告。我们的精力全都用在帮助客户销售商品上,重点关注不同形式的广告各自扮演怎样的角色。客户付钱让我们做这件事,我们也有虚荣心，我们坚信自己享有一定的职业声誉，故使用"费"来指代我们的报酬。如果我们的努力颇有成效，就可以为客户提供方方面面的参考：从标签的颜色和措辞，到中国几十座城市中任何一座城市发行的各种报纸的相对优势。我们应有能力向他说明，他的品牌是否有望达到足以赢利的销量，并对他们未来竞争对手的优劣势进行评估。我们与客户休戚与共。

我的工作，自然而然会促使我将中国人视为潜在顾客，并以此为视角看问题，思考中国人可能会购买哪些东西，这些东西该怎样包装，采用哪些广告手段来提高销量更为有效。我的客户们出售各类商品，从纺织机到香水，样样都有。他们来自不同国家：英国、美国、德国、法国、荷兰、比利时、澳大利亚、加拿大、日本、西班牙，还有卢森堡大公国。每位客户都面临不同的问题，至于如何解决也各有想法，但他们的主要目标，无非都是把自己的商品卖给中国人。为了出色地完成任务，我必须研究与中国相关的方方面面，并将各种认识融入推销模式，使其为客户所用。如此说来，尽管广告业没有人类学那么高深，广告代理商的研究面却要同人类学家的一样广阔——关于这个国家及其人民的任何一条信息，说不准哪天就能派上用场。研究中国人及其性格、历史和习俗，对我来说并不是件苦差事，现在我对他们的兴趣，绝不亚于我四分之一个世纪前第一次激动地坐上黄包车时。对许多在此居住的外国人而言，正是设身处地的研究让他们觉得这个国家如此迷人。

这是一个幅员辽阔的国家，内涵丰富，永远也不会变成老掉牙的话题——外国人对中国的了解少之又少，因此总是能够频繁地享受发现新鲜事物带来的刺激感，能够发现无数双不够敏锐的眼睛在同一条路上不曾留意的事实。

　　这就是我的理由和辩解。我希望读者能够接受我的解释，也希望这个新视角能让读者对中国人产生新的理解，看到我眼中的中国人：有意思，惹人恼，令人迷惑，却始终可爱。

没人喜欢新牌子的烟

第一章　不同寻常的顾客

我的广告代理公司还没开几个月，就有一位来中国寻找商机的生产商跟我说："我猜，只要够便宜，中国人什么都会买。"很多人都是这么想的，就连一些在中国生活、按理说应该很懂行的外国人也这么觉得。实际上，我记得我最初的想法和这位生产商一样。至于这个结论是怎么得来的，很容易就能想明白。没有谁会比中国人更享受讨价还价的乐趣，没有谁会像中国人那样在追求低价上步步紧逼，没有谁会在砍价时能像中国人那般激情四射，但从另一方面来说，如果有人兜售顾客不想买的东西，中国顾客的抵抗会比其他任何人都更执拗、更彻底——不管东西多么便宜。光是便宜，绝不足以让中国人改变口味或忘记成见。对特定类型香烟的广泛需求就是很好的案例，它是我了解中国消费者固定口味的第一课。在中国，卷烟差不多完全取代了老式水烟筒，年销量数以亿计。

美国人喜爱的骆驼牌（Camel）、好彩牌（Lucky Strike）以及切斯特菲尔德牌（Chesterfield）香烟在中国的售价约为美国的三分之二，因为既无须支付美国印花税，也不必缴纳美国的其他税种。侨居海外的美国人或多或少会买这些牌子，其他国家的人也会买一点。但到了中国消费者这里，这些牌子的东西连百分之一都卖不出去。中国人更偏爱亮黄色的"弗吉尼亚"烟草，在中国受欢迎的英国卷烟皆由这种烟叶制成，其中一些知名品牌在华广泛分销。中国制造的卷烟也都是英式的。美国大牌制造的卷烟都使用香气更浓的弗吉尼亚－土耳其烟叶或弗吉尼亚－白肋烟叶混合型，中国人可不喜欢。有烟草专家称，吸纯弗吉尼亚烟的人一旦改吸混合型，就再也不会选择前者了，习惯了更精致的混合型，弗吉尼亚烟叶将再也无法满足他。在混合型香烟和该理论的诞生地美国，此言不虚，这种烟的确把其他烟都逼走了。

我们一位非常成功的美国生产商认为，该理论在中国同样能够得到应验。我们最初也对他们充满信心，怀着前所未有的热情接下他们的混合型香烟广告宣传业务，心想或许又接到了一位市场无限的大客户。我们为这次行动做好了充分的准备。销售人员四处囤货，我们和制造商能想到的有力宣传手段全都用上了。生产商胸有成竹，甚至愿意从次年经费中拨款用于当年广告，他们对未来利润的期待也是自信满满。他们的纽约广告代理是全美顶尖的广告公司之一，在他们的倾力相助之下，我们在中国开展了声势浩大的广告运动。然而，任凭我们使尽浑身解数，这些烟还是滞留在经销商的货架之上。客观地说，混合型卷烟一旦入手就再也不离口的理论，在中国市场或许同样也能应验，但我们就是无法让它实现。据我们所知，我们始终没能让任何一位中国人抽起我们那个牌子的混合型卷烟，因此也无法见证，等他习惯了那种味道后会不会成为常客。曾有烟民尝过鲜，但吞吐几口，就觉得气味又怪又臭，不肯再买第二包。中国销售额落回原点归零，全体参与者一致赞成放弃广告运动。这次经历唯一让我们感到心满意足的是，人人都夸广告好。

中国人对于自己喜欢什么、不喜欢什么十分执着，不仅如此，他们一旦习惯了某个牌子——无论是香烟、肥皂还是牙膏，就会成为世界上最忠实的消费者，齐刷刷地忠于该品牌，这种齐整性和忠诚度绝对会让生产商流下欢喜的眼泪。每个国家都有占据特定市场的牌子，但我不确定，其他国家是否存在某个品牌，能够像中国的畅销品那样拥有无法撼动的市场地位。在最近一次综合市场调查中我们发现，英国某种家用肥皂品牌在中国华北部分地区拥有很高的人气，出售肥皂的商店，十有八九都只囤这一个牌子，尽管这一带还有其他几十种更便宜的竞争产品可供选择，其中一些还是当地制造的。有时发生旱涝灾害，当地居民的购买力甚至低于往常，这种情况下他会选择更便宜的肥皂；但那只是权宜之计，等经济稍稍好转，他又重新买起最爱的老牌子，而那个牌子，也是他爷爷的最爱。如此巨大而坚不可摧的市场正是其他生产商也想瞄准的，他们中有不少耗尽弹药，声势浩大，却毫无结果。他们中的确有许多生产出了品质相近的肥皂，定价低廉，但仍然没有哪一家的销售额足以让我们的客户感受到该领域存在明显的竞争。消费者有时受到低价吸引，会去尝试竞争品牌的肥皂，或许还会对其品质表示高度认可，但他不敢确定，下一块品质是否依然如此。他被质量没有保障的生产商骗过，因此疑心很重。而从另一方面来看，他更信得过老牌子。因为他用了很多年，他爸爸用过，他爷爷也用过，老牌子品质始终如一。该品牌在华北市场占据令人满意的主导地位，得益于有效解决一大难题的优良品质，推销起来底气十足。华北大部分地区的水都比较硬，在长江流域较软的雨水中能产生大量泡沫的便宜肥皂，到华北就会凝结在含碱量较高的泉水和井水之中。

我们曾试图帮助某生产商从一家老牌香烟那里抢生意，那个老牌子在中国另一区域烟草市场所占据的主导地位，与上述肥皂品牌在华北的情况比较接近。关于混合型香烟，没有什么秘密是烟草专家发现不了的，我们的制造商朋友在自家厂里精确地复制出了该畅销品牌的混合型卷烟。实际上，为确保百分之百的成功，他们还聘请了曾在竞争对手公司里身居主管要职的人来负责此事。完美地复制配方后，他们进一步改善了包装，用花哨的风景画和中国人难以抗拒的红色和金色字样装点，把香烟盒做成一件美物。他们用加厚锡箔包裹卷烟，以诱人的低价出售。他们发起大型广告宣传活动，还额外雇了一批销售人员。销量有了一定的积累。但据我们所知，我们完全没能让任何一名消费者弃老从新。我们知道两种烟抽起来肯定一模一样，它们是用同类别、同品级烟草以相同比例混合而成的，制作工艺也完全一致，抽起来不可能不一样。但消费者先抽一口这个，再吸一口那个，便放声大笑，感叹毫无可比性，然后继续抽更贵的老牌子。我们的尝试只是沧海一粟，为了同该畅销品牌争夺市场，其他生产商也做过种种努力。实际上，这通常是卷烟制造商进军中国市场时所尝试的第一件事，但谁也没能比我们好到哪儿去。

鉴于中国人对品牌的忠诚度，以及见到任何变化都会起疑心的特点，生产商不愿在包装上做任何改变，再小的变化也不行。虽说中国人对自己熟悉的品牌极为信任，但他们似乎始终担心生产商会利用这份信任以次充好，或是担心有人会用高仿制品来糊弄他们。因此，再细微的变化，哪怕是地址门牌号这种微不足道的变化，都会引起他们的高度警惕，导致他们将商品拒之门外。中国人会以惊人的速度发现包装或标签的细微变化，尽管上面有时可能印的是他们不懂的语言。他们常用的防骗手段之一，是清点品名中有几个字母，看总数是否一致。不过，这种检测方法并不奏效，因为仿冒者懂得他们的心思，冒牌货品名的字母总数和正品都是一样的。广告上的烟盒图片，必须分毫不差地还原实物。我们用于中国市场的英国品牌广告，几乎用不上生产商发来的图片，因为这些图片用于别国广告问题不大，但在中国总嫌过于粗糙或不够精准。在中国香烟海报上，烟盒都是打开的，以便展示所容之物。如此呈现能够露出亮黄色的烟草，亮出视觉证据，表明烟盒里有十支烟，一支也不少。曾有一家上海制造商一口气印了几十万张海报，结果发现图中盒子里探头的只有九支烟。这样的海报完全无法用于广告，于是不得不销毁。

若是能将中国人民对特定品牌的成见和偏好全部或大部分归功于广告，我该是多么欣慰啊。但我必须坦率地承认，洋货在中国享有的主导地位，几乎完全得益于由来已久的口碑；还没等任何像样的广告在中国出现，它们就已经在广泛地销售赢利了。无论是上文提及的肥皂和香烟，还是其他制造领域的众多品牌，皆是如此。当然，这些打头阵的厂家非常幸运，它们在竞争形成之前就已经让自家商品站稳了脚跟，赢得了顾客的青睐，因此拥有一片广阔的天地。早在中国人有机会挑选自己的第一包烟或第一块肥皂时，他们就已开始自行探索，自主得出结论，无须广告帮忙，无须制造商推荐。实际上，那些对中国销售稍有了解的人至今还没想明白某些老牌子为什么会如此吃香。以最受欢迎的那个香烟品牌举例。如果我从没听过那个牌子，有人头一回拿出来给我看，问我在中国是否有畅销的可能，我会毫不犹豫地说，没门儿。我相信，几乎任何一个对香烟生意略知一二的人都会给出同样的结论。烟的品质毋庸置疑，但以最新理论来看，它的包装设计漏洞百出，且存在诸多显而易见的问题。大多数推销专家称，包装没做好，烟绝不可能大卖。但本案例并未验证这一理论。该品牌在中国同类产品中销量第一，在某些地方甚至是其他众多品牌销量总和的三倍。

关于中国人如何认可某样商品的优点并执拗地形成雷打不动的判断，还可以从汉堡马掌这个既有趣又富于启发意义的案例中看出来。在不同时期，各种或可出售的物品都曾被装船运往中国，侥幸地寻找派上用场、建立市场的机会。在那些货船几乎是半空着抵达中国又满载茶叶等中国物产返航的日子里，任何能够充当压舱物的东西都很受欢迎,可以被免费或以极低的运费捎走。在这个时期被运到中国的各类奇怪物件中,就有来自德国汉堡的旧马掌——磨损过度,薄得无法打补丁的马掌。承销人希望能把它们卖出去,但他也没想到这些东西究竟可以拿来做什么。他只知道,中国铁匠总是能用各种废铜烂铁打制出有用的物件,所以指望他们将马掌改造成某种商品。这个期待听起来似乎并不过分,因为中国铁匠的技艺和创造力能让全世界其他地方的手艺人嫉妒。马掌商人的愿望很快就得到了满足,铁匠发现,只要将这些废弃马掌一剖两半,就能变成理想的中国剃刀制造材料——中国剃刀,看起来不外乎是被美化的、回火考究的餐刀,只是刀片更厚、更宽一些而已。这种剃刀需求量很大,也比较稳定,很快,"汉堡马掌"就成了对华贸易的重要商品。

其他城市的众多废品商也希望把旧马掌处理掉,很快,来自纽约、利物浦、巴黎和其他地方的马掌就被运到了中国。但中国铁匠却态度一致地抵制这些替代品。他们坚持认为,德国驮马体形健美、体重适宜,马掌整日在汉堡鹅卵石街道上打磨,能够形成打制剃刀的最佳尺寸和回火度,这样的条件在其他城市里复制不来。于是汉堡成了全球旧马掌集散中心,若不先将旧马掌运到那里,肯定没有销路。结果,世界各地运往中国的马掌都必须先在汉堡集结。事实证明,经汉堡转手来华的巴黎或纽约马掌,质量同样能令人满意。或许,关于汉堡鹅卵石有利于回火度的理论根本就是无稽之谈,但发现或自认为发现某个城市的马掌更胜一筹并坚持这一信念,的确很符合中国人的思维习惯。

在过去的二十年中,中国马掌生意的风向发生了变化。辛亥革命后，无数需要剪头发的中国人排起长队，理发也前所未有地成了正经生意。一位曾在旧金山生活的中国人在上海开了一家理发店，店里配置了躺椅和一个酷似巨型条纹棒棒糖的招牌。此前，中国理发师都随身携带剪刀和磨石等工具。他们在富人家的私家庭院中为其修面，或当街摆理发摊，为普通人理发。店面租

旧马掌打制的好剃刀

金这笔新开支促使现代理发师收取更高的费用，因此他们也像其他精明商人那样，尽可能让顾客觉得物有所值。他们甚至会为顾客洗去脸上的泡沫，而不是像从前那样让顾客自己动手。他们还放弃了简陋却高效的中国剃刀，买来日本制造的谢菲尔德剃刀。这给中国制造剃刀的匠人带来了严重的打击，剃刀生意不景气，于是他们开始用旧马掌打制餐刀、斧头和剁肉刀。用于打制剃

刀，汉堡马掌尺寸刚好，但用于制造新东西，其尺寸却嫌小。随后铁匠发现，利物浦驮马，尤其是那些为啤酒厂马车增添雍容气度和威严的马匹，拥有更大的马掌，于是利物浦又成了全球马掌集散中心。而汉堡马掌却在市场滞销。从前囤了利物浦马掌的废金属商称，汉堡地面没有鹅卵石了，所以汉堡马掌失去了从前的优越性。①

但有意思的是，汉堡有幸成了另一种中国畅销货的中心，至今依然还是。在比利时某些地区，有一种商品名为"立德粉"的超白黏土。它在世界各地被用作白漆底料，有时与白铅粉混合使用。尽管这种白色黏土产自比利时，但将其引入中国的却是德国商人。德国商人在比利时采购，用规格一致的木桶包装，随后从汉堡起运。久而久之，向德国商人出售黏土的比利时人发现黏土的市场在中国，便得出这样一个结论：他们自己就可以拿下全部利润，大可不必与德国中间商分成。头一批从安特卫普港②起运的货物刚到上海，麻烦就来了。预定了"立德粉"的中国人坚持称这批货物不合规格：木桶样式不同，也没有他们熟悉的商标，更糟的是，它们不是汉堡来的。这显然是狡猾的老外为了蒙骗他们而仿制的。他们称，听到报价低于往常时，就该料到其中有诈了。中国海关专家的化学成分分析表明，新产品和老产品一模一样，但检测报告在中国油漆制造商眼中毫无分量。他们要的是汉堡"立德粉"，坚决不接受替代品。比利时人不得不承担"巨额

---

① 实际上，汉堡仅有港口附近的几条街还铺有鹅卵石。（本书脚注如无特别说明，均为作者所作。）

② 比利时最大的海港，位于安特卫普市北侧。——译者注

损失",结束了这笔交易。他们日后再也没敢尝试。德国人继续从比利时人那里采购,货物从汉堡打包起运。如此操作,中国买家需要支付额外运费和中间商转手费,但他们相信那才叫货真价实,那才是做这桩生意的正经路子,他们绝不打算改变。

认为装运地和原产地必然一致并坚持荒唐偏见的可不只是中国人。与其他大部分国家的常见市价相比,中国鸡蛋非常便宜,1919年,中国鸡蛋经处理和冷藏之后出口英美,生意非常好。① 尽管中国出口的鸡蛋在英美交易量都不小,但这两国鸡蛋消耗量非常大,几百万只中国鸡蛋对市场的影响微乎其微。然而出于某种原因,两国都出现了抵制中国鸡蛋的恶毒宣传,称中国鸡蛋藏有无数危险细菌,更别提可能存在的其他古怪生物了。有位英国农民给当地报刊写信称,母鸡抱窝时,他出于好奇放了一枚中国鸡蛋进去,结果孵出了一条蛇。谁也不清楚到底是哪种蛇,因为一孵出来就被他消灭了。很多英国报纸都刊登了这则故事,尽管许多科学家和讲求实际的养鸡人称,冷藏过的鸡蛋连蝌蚪都孵不出来,但恶劣影响还是无法消除,许多英国家庭主妇根本不愿再碰中国鸡蛋,即使价格再低也免谈。不过,面包房照样采购。

美国抵制中国鸡蛋的宣传虽没有夸张到孵出莫须有的蛇,却同样颇有成效。纯净食品法规应运而生,没过多久,两国进口中国鸡蛋的生意都变得半死不活;大商人对它不再感兴趣。美国人

---

① 1934年,英国进口22.54亿枚鸡蛋,其中1.72亿枚,即约6%(按比例换算,此处应约为8%,原书有误——译者注),都来自中国。英国国内鸡蛋消费占消费总量的68%,据惠特克(Whittaker)称,人均鸡蛋年消耗量约为155枚。英国人吃鸡蛋比吃苹果还多。

最先进军这一行，也最先撤退。他们在上海的酒店和俱乐部黯然结账，打道回府。有些人因为订单取消而亏了血本。英国鸡蛋销售商发挥英国人坚持不懈的传统。他们继续向英国运送鸡蛋，虽然那里顶多也只能算个小市场。对鸡蛋生意稍有了解的人都十分好奇，在这场必败的游戏中，这些商人死心眼地硬撑为什么没有导致破产。谜团终于被解开了。中国鸡蛋被运往英国后，重新进行包装，随后运往欣然接受英国鸡蛋的美国。[①]

人们可能会想当然地推测，缝衣针这种普普通通的商品，其销售方式应该和这种简单的物件一样，是全球通用的，但在中国就不同了。如果我几年前知道这一点，就能帮我客户省下不少钱，而不是陪他浪费钞票。这位客户想找一种便宜的小物件作为赠品，以便在竞争日益激烈的某个地区刺激销量。为了达到这个目的，赠品必须满足几个条件：它必须是一种存在普遍需求的物件，便宜，小巧，运输方便，不易损坏。起初，我以为这是一项难以完成的任务，但我们还是尽力而为，几个炙热的午后，我都在中国百货店里进进出出寻找灵感。正当我准备放弃的时候，有个货物经纪人碰巧走进了我的办公室。他特别傻，否则怎么会不知道，进口商因为滞销而希望贱价出售的商品，在广告代理商面前根本没市场。他显然是在挨办公室一路招揽生意。一些傻瓜推销员的确会干这种事儿，但他们的确也能捡到一大波聪明人拿不到手的生意——聪明人太聪明了，不会把时间浪费在自以为无望的事情上。

[①] 尽管美国立法保护本土家禽养殖者，却依然继续进口鸡蛋。美国进口的鸡蛋主要来自中国，第二来自英国——货源地极有可能也是中国。

然而那天，傻乎乎的推销员偏偏走运了，他卖的是针——因故需要以清仓价甩卖的高品质德国缝衣针。他给的原因我已经忘了——无论如何，那都不是真实原因。但价格确实很有吸引力。我尽力坚守谨慎的交易态度，询问了种种细节，拿了几包样品，这位代理一走，我立马去见客户。英雄所见略同，他也认为赠品问题就此解决。从理论上来说，一包十二枚规格齐全的缝衣针作为赠品可以满足全部诉求，穷人会视若至宝，富人也可以接受，家家户户都觉得有用。初次询价已经够低了，等我的客户苏格兰采购代理协商完毕，价格自然更低。缝衣针存货易主。如果这个推销员拿到了一笔像样的佣金，那么他接下来几个月肯定衣食无忧了。

刊登广告、分发赠品的活动一开始，就刷新了我对缝衣针买卖的认识。此前，我见过的缝衣针就是像这样，十二枚规格不同的缝衣针为一包。那位愿意与我共同承担愚蠢决定后果的慷慨客户，也是这么想的。鉴于我俩都只见过一包十二枚规格不同的缝衣针，所以都想当然地认为，缝衣针和小狗仔一样，一生就是一窝。在大部分国家，至少在我当时有所了解的国家，缝衣针都是以这种形式出售的，倘若一位女士购买某样东西时收到这种赠品，定会毫不犹豫地接受，懒得打开查看是否有十二枚。但在中国就不是。有句老话说，馈赠之马，勿看牙口[①]。但中国女人从没听过这个说法，哪怕听过，她在享受购物历险的狂热时也会忘得一干二净。她不仅要看看马嘴，还要数数有多少颗牙，测量体

[①] 老马的牙齿比较少，如果收到一匹马作为礼物，检查它的牙齿会显得失礼。意指别对收到的礼物挑三拣四。——编者注

格，估摸皮毛价钱。中国女性购物者容不得蒙混过关。中国女人买布，不会像某些国家的粗心人那样单看布卷末端检查质量。她会量出所需长度，然后一寸一寸地评估质量是否称心。

她就是这样审视我们的缝衣针的。首先，她打开一包，检查里面是否的确有十二枚。她发现一枚不少，但十二枚规格不同，而她能用或想要的却只有一种。其中有诈，洋鬼子想在十二枚针里浑水摸鱼，只有一枚能用，其他要么太长，要么太短。她找到那个倒霉的售货员，让他换成十二枚她自己需要的那种，以证诚信经商。售货员当然不愿意，于是我们没有赢得这位顾客，反倒让她跑了。每送出一包，这一幕都会重演，最后，屡遭骚扰的售货员受尽折磨，不再去管这些赠品。缝衣针这个话题很快就在我和客户之间冷了下来。我从未认真询问过最后是怎么处理掉的，但等我们得知再也不用为它们操心之后，两人都松了一口气。

每年有将近二十亿枚缝衣针在中国售出。无论贫富贵贱，家家都少不了缝衣针，这些针都不是在中国制造的，因此可以从年销售额推出有趣的数字。如果我们假定五六岁以上的女性都会在缝缝补补上花很多时间——我觉得这一推测比其他中国相关数据都要准确得多，那么简单估算一下，缝衣针的消耗量大约恰是每位顾客每月一枚。再少就无法解释数亿件衬衫、旗袍和其他衣物是如何缝制出来的，再多则表明缝纫者使用时不加爱惜，或一次性购买过量——这两件事情我觉得中国女人都做不出来。缝衣针在中国不是一包一包出售的，而是一枚一枚出售的，顾客最多一次买上三四枚。每位顾客都非常清楚自己所需的类型，对其他的一律不感兴趣。日本或德国造的缝衣针，大部分都不会在一包里组合不同的规格。每包所含缝衣针整齐划一。所以我们附赠缝衣针的计划一败涂地。向中国女人赠送一包十二枚规格不同的缝衣针，就像是赠她十二双尺码不同的鞋。既然只有一双合脚，她自然不看其他十一双。一家试图进军中国市场的德国缝衣针制造商，装运来华的产品都是规格不同的十二枚为一包的组合，结果发现根本就卖不出去。这就是我们能以极低的价格买到那些缝衣针的原因。

中国女孩自行定义时尚

第二章 中国小姐发现美腿

大约十五年前，我在上海的广告代理公司率先在中国报纸上刊登出唇膏和雪花膏广告，从那时起，化妆品广告就成了我们的重要业务。我们大致是在同一时期发起了最早的大规模香皂广告推销。我本来没想到广告生意能够生发出一段浪漫史，但我们尝试较早，化妆品广告也就成了我们的主要业务类型之一。我们的努力加上客户的慷慨广告拨款，让许多中国女子学会了以雪花膏打底，然后在其上抹脂粉，学会了夜间使用冷霜，并按摩至皮肤吸收。我们建议她们大量使用香皂，然后用冷水洗脸。之所以没向她们提及"cosmetic skin"（化妆品皮肤病），是因为这个术语很难在中文里找到准确的对应概念。我们劝诱中国所有影星都用我们代理的香皂，然后写出谨慎却有说服力的推荐语，作为我们广告文案的主体。我们代理的这款香皂，恰好是好莱坞明星们都在使用的，因此我们在报纸上投放的广告，是将一位好莱坞影星与一位中国影星并置，但那位中国影星在我们的版面上占据更大的空间。因为在我们的世界里中国影星更重要，尽管那位好莱坞影星一周赚的钱就比她一年的收入还要多。在广告文案中，我们还需要谨慎对待毛孔粗大这个话题，因为中国女人的肤质比欧洲夫人们要细腻得多，就算有毛孔，看起来也和婴儿脸上的一样小。所以我们无须承诺使用该款冷霜和香皂可以解决毛孔粗大的问题，而是说可以预防，这样听起来更稳妥。

别以为是我们的第一则唇膏或其他化妆品广告指引中国女孩走上美妆之路的。倘若确是我们的功劳，我必然感到非常欣慰，但现实并非如此。据可靠史料记载，中国女孩五千年前就开始拔除杂乱的眉毛，在两颊涂脂抹粉了。或许在那时，这些做法就已经是老传统了。年代久远的图画显示，随着时间的推移，涂抹胭脂的潮流在不停地改变。有时是涂在面颊上部最引人瞩目的位置，有时则是在面颊与下颌过渡处抹出一个鲜艳的红圈。某些世纪流行厚涂脂粉，某些世纪又流行涂薄薄的一层，但中国女人始终在用胭脂。即使朝代不停更替，国家饱受洪水、饥荒和内战的蹂躏，但化妆品产业始终兴旺。每逢北方少数民族占领中原，少数民族女人都会立即模仿起中原女人的妆容。她们将脸颊乃至额头都抹上最红的胭脂。最近一次统治中国的少数民族是满族，当时满族女人们抹胭脂的方式让人惊异。日本女人的化妆课是跟中国女人学的，她们似乎也没做出多少创新。与满族女人相比，她们抹胭脂有所节制，但她们会大量使用大米散粉，妆容更像是洒满糖霜的蛋糕。中国女人不以为然。她们知道，抛开和服、腰带、短袜和木屐，日本女人的性感魅力就会大大削弱，也没有哪个日本女人敢于尝试这种展现身材的旗袍。

我在中国见过的最古老的零售店位于杭州，那家店相当于中国多少个世纪以前的美妆铺，如今依然生意兴隆，继续出售胭脂、爽身粉以及其他各种美容美妆用品。约十个世纪以前，有位著名的杭州诗人赋诗赞美情人的眉笔和香胭脂，其中提及的或许就是这家店的产品。我曾尝试劝说他们出售我们代理的胭脂，但试了几个样品后，他们得出结论说，哥伦布在来华途中意外地发现挡道的新大陆时，杭州就已经有大受欢迎的品牌了，我们能提供的产品和那些绝对无法相提并论。

显然，这并非真实原因，中国人绝不会亲口告诉你真实原因，若想知道，你只能拿出认真的精神，专业地做调研。他们不愿进我们的胭脂，是因为它对中产阶级顾客而言过于昂贵。进口胭脂定价较高的确影响销量，但买得起的顾客依然会选择我们代理的品牌，它的销售额也令人满意，且在逐步增长。①

---

① 香水和化妆品等物件在中国的年销售额约达中国货币 200 万元，即 12.5 万英镑。美国出口份额处于领先地位，占 30%；法国居其次，占 22%；英国份额为 14%。如今，美国香水销量高于法国，香粉则是法国领先一步。但由于美国品牌大量刊登广告，他们的香粉销量也在迅速争取主导地位。生产香水和化妆品的中国工厂逾 300 家。

唇膏、胭脂或其他美妆用品最理想的顾客并非少女，而是已婚女性。几百年前中国妻子就已发现，若能保持自身魅力，丈夫就会心甘情愿地雇来仆人做饭洗衣。因此，中国女人的梳妆打扮是全球最完美的，综合考量，她们享受的奢侈品也是最多的。一名月薪相当于五英镑的职员，可以为妻子雇一名仆人——通常是做粗活的小仆人；如果其丈夫收入更高，就能雇更多仆人。有

中国太太享有更多闲暇时光

一名仆人帮忙刷锅洗碗、洒扫尘除，足以让许多英国女人暗自庆幸了。而与她丈夫有相同收入的中国男人的妻子，则无须亲自动手操持家务，还会有专门为她梳妆、修指甲、缝缝补补的贴身侍女。毫无疑问，与其他国家的女人相比，中国女人可以从家庭收入中取出更多的钱用于购买化妆品——这种状况已经延续了许多个世纪。有钱的人家，购入许多昂贵的香水和化妆品。买不起奢侈品的人家，也会买上少许便宜的牌子，但每位妇女，无论家境贫富，都有一套化妆品。黄包车夫的人到中年的妻子，也总是会有一些香粉和胭脂。她每年可能只用一两次——婚庆场合才用到——但有备无患，只要她有心思打扮，就能让自己变美。只有上了年纪的寡妇才不爱慕这些虚荣之物。使用化妆品或许会

让人以为她们想再婚，而这被视为放荡。

在中国还没有胭脂或唇膏广告的时候，上海女孩就发现了一种被其他国家的姐妹们集体忽视的美容用品。一位橡胶产品进口商注意到，有一种用于缓解牙痛或神经痛的小热水袋特别受欢迎。每批新货到店，都会被抢购一空，起初他以为上海可能有许多人饱受牙痛折磨，结果却发现这是被中国女孩买去为面颊增添红晕的。把灌满热水的小袋子藏在暖手筒里，用其温暖脸颊，就能产生自然的红润光泽，这种红晕格外迷人——几分钟前还没有呢。这是模仿羞涩红晕最自然的办法。当然，这种美容用品并不完美，因为只有天冷时才能见效。下一季，暖手筒过时了，迷你热水袋也会跟着过时。如今，在上海的商店里很难再见到它的身影。

其实，客户的化妆品业务只能通过我们的广告得到一小部分增长。每当我们在中国探索新产品时，有件事毫无悬念就会发生：只要有能力模仿，一些中国或日本制造商就会开始做同类产品，并以更低的价格出售。我们一开始为雪花膏、胭脂和唇膏打广告，就出现了这种情况。大部分化妆品小厂家都只是跟着我们的广告借东风，但也有相当一部分自己做广告。其中有一家中国制造商看到自己的产品前期销售额不菲，大受鼓舞，便发起猛烈的宣传攻势，令人惊讶的是，此举大获成功，他生意越做越大，财源广进。在此期间，我们的香皂广告出现在各大主流报纸和杂志上，占据大幅版面。公开讨论美妆话题，最终改变了中国女人的态度，并从一定程度上改变了她们的心理。此前，关于美妆用品的讨论仅限于女性之间，就像接生婆的行当一样，可该话题一旦获得公众关注，就变得高贵而典雅。中国女孩有史以来第一次大大方方地在公众场所往鼻子上扑粉，她们的视野也迅速打开了。她们与世隔绝数千年，可一旦发现自己能够当着男人的面化妆，而且此举在男性眼中显得优雅迷人，就一发不可收了。中国女人冲出了传统中式家庭的内帏，没有什么能把她拉回去了。

随之而来的是女性服装的变革，这既符合逻辑，也无可避免。我刚来中国时，差不多所有女人都穿长裤。她们穿的不是外国女士们在沙滩上为了突显性感而穿的或宽松或紧身的裤子，是类似于内阁部长两条腿上会套着的那种正式长裤。我见过最完美的端庄女性是一位身着长裤，为同样身着长裤的小学女生解释《圣经》经文的中国主日学校教师。我已经有超过十五年没见过自己的主日学校老师了，对她的记忆也十分模糊，但她是我从小就敬重的对象。我情不自禁地比较这两位老师，随即便后悔了：我可亲可敬的未婚女老师在我脑海中穿着波浪短裙的形象从此发生了改变。她不再是我心目中最端庄的女人，那位穿长裤的中国女士替代她成了我的女神。

第一次世界大战结束后的某个时候，英美女人开始穿短裙；没过多久，上海的女装裁缝只需用上原来布料的三分之二，就能做出售价与以往相同的裙子。看到这种新潮流，我们却高兴不起来，因为我们最心爱的曼彻斯特老客户制造的是全世界最精美的印花布——打广告时我们完全可以这样实话实说。短裙显然意味着印花布的需求量减少，销量减少，广告业务量也会随之变少。但等到在上海生活的外国女人大部分都花枝招展地穿上了齐膝短裙，我对印花布生意反而更有信心了。腿型不够美的女士的数量，八成多于拥有一双美腿的女士，因此合乎逻辑的风向应该是：腿型不够美的女士终将在潮流选择中获胜，逼迫那些幸运的姐妹们继续穿长裙。最终的确如此，不过超短裙的流行超过了一个季度，超出了我的预期。

然而，在华外国女人的印花布消耗量并不是很多。就我们的利益而言，最为关键的问题是，中国女孩将如何看待新潮流。许多时髦的中国女郎已经换下长裤改穿裙子了，这也是推翻清朝统治后逐步走向现代化的一例明证；但保守一些的女孩依然穿着长裤。在她们发现其他女性膝盖以下是什么样子后，我们无须多久就能看到她们的决定。她们观察了法国女人还算凑合的腿，英美女人总体来说不太吸引人的腿，德国和斯堪的纳维亚女人的胖腿，日本女人吓人的腿，接着蓦然间迎来了一个迟到了数千年的顿悟，发现了自己身上长久以来被忽视的某种资本。中国女人自然的纤足和玉手曾逼得恋人写诗或自杀，嘴唇、头发、眼睛和牙齿也都曾在四千年的文学长河中收获赞美，唯独腿部从未被提及。姑娘们断定，腿被忽视得太久了，应该即刻得到推广。

对这些习惯穿长裤的人来说，最符合逻辑的做法是穿短裤。的确有人尝试，但看起来过于男性化，也不太庄重。根据家长式的政府的相关规定，越来越多的女中学生已经穿上了完全能遮住大腿的齐膝短裙，所以那种肯定算不上时髦款了。随后女士们灵机一动，想到了一个令人满意的解决方案，即，在长裙左侧开叉，至膝盖以上某一点，曳步时露出美腿的流线。思想保守的父亲和一些萌生醋意的丈夫对这种丢人现眼的潮流十分不满，但女士们却非常喜欢，甚至到下一季度，裙子两侧都开叉了，样式仅有轻微改动，从此这种风格一直流行。有些女孩保留了长裤时代的些许痕迹，在裙下衬以宽松的凸花绸裤打底，但大部分都直接搭配高跟鞋和丝袜。上海有些外国女士也模仿起了中国潮流，结果却不尽如人意。

数年来，我们都在和曼彻斯特的朋友们商议为中国女人做一本时装画册。我们之所以想到这些是因为，一些内地小报会利用版块免费刊登我们的雪花膏广告——我们图中的女孩总是身着上海最新款式的服装，爱时髦的内地女士们会把照片拿给自己的裁缝仿制。然而，我们不太确定是否可以编出一本完整的时装集，我们的客户对整个项目也略持怀疑态度，所以我们仅限于偶尔讨论，并没有付诸实践。后来，我们出乎意料地接到了印制时装画册的指令，正犹豫着该收录哪些式样时，就接到了关于开叉裙的前沿情报。我们快马加鞭，终究赶在春季印花布订货前发布了中国的第一本时装画册，用来展示用我们客户的印花布制作的新潮短裙是多么迷人。这本册子生逢其时，大获成功。一些画册竟然流传到了爪哇和暹罗，在大型华侨聚居地供不应求，我们甚至为这几个地方分别印了特刊。随后几年我们都会发布年度时装画册，对开叉裙总会给予特别关注，有时我们也会根据自己的偏好推荐一些新款式，比如，一侧开叉略高于另一侧的裙子。追踪我们的提议有多少被付诸实践十分有意思。我们的建议从未被照单全收，但从另一方面来说，它们也没有被完全忽视。如今中国有许多时装画册，绝大多数都比我们的早期探索成果更精致，所以我们的时装画册业务落伍了。但我依然为这些感到自豪，因为我们不仅捧出了第一册，还为展示全球最美的腿做出了小小的贡献。

中国小姐在发现美腿的同时也发现，紧紧裹住苗条的身体以呈现平胸效果的做法同样毫无道理，这和过去缠足一样，有悖自然规律。这一次，科学与时尚吻合，中国医生称，自然的胸部发育会让女人更健康；因此，身体曲线和美腿将会并行成为潮流，这种潮流似乎会成为永恒。中国女人喜欢这样，男人也十分乐意听任她们如此。尽管中国女孩对颇具魅力的新曲线感到满意，却明白凡事过犹不及，中国美女无数，但无人与梅·韦斯特[①]有半点相似之处。她们看起来绝不可能像她，戴上金色假发也不可能。上海一有梅·韦斯特的影片，中国女孩就都会涌去观看，可她们只是表示惊诧，而非惊羡，她们会满怀欣慰地走出影院，庆幸她们和其他女人不一样。她们知道，就算中国的老处女，哪怕变得胖墩墩的也会有着大弧度曲线。

几个月前，我收到了我们澳大利亚的联系人的一封来信，信中分析了我们为一家潜在客户做代理的可行性。这是一种让胖女人变苗条的药剂。信中附有剪报，展示了他们让这种减肥药在澳大利亚和新西兰大赚一笔的广告。在我最感兴趣的剪报之一上，有位金发美女的照片和推荐语，她拥有丰满性感的曲线，据称曾因不小心胖了两英石[②]而失去了丈夫的爱和朋友的赞赏，在社交圈也成了弃儿。随后她服用了这种神奇的药剂，坚持一个疗程后，减下的可不只是可恶的两英石，更是多减了几磅，于是她又

[①] Mae West（1893—1980），美国女演员，身材丰满，表演以性感著称。——译者注

[②] 1英石为14磅，约合6.35千克。——译者注

变回苗条的金发女郎，赢回丈夫的爱慕，引发朋友羡慕，在悉尼社交界再度走红。

这就是一种本应在中国发大财却完全找不到顾客的药剂，因为中国没有胖女士。曾有一首流行歌曲，歌词大意是想说胖男人没人爱。其实在那神经脆弱的"一战"前夕，这个插科打诨的人想说却不敢说的是，胖女人没人爱——在她苗条时娶了她的男人除外，这样的丈夫不经历一番思想斗争和多愁善感的心理活动是不可能改变心意的，但写歌的人没敢直说。中国丈夫绝不会遇到这种问题，因为他的妻子绝不会让自己发胖。她们不需要依靠节食或减肥运动来恢复少女身材，因为她们从来就没有走形过。已经有五六个壮实的孩子的母亲往往还和少女一样苗条。

时尚始终在变，但中国女人对衣着的态度有一点是从克娄巴特拉（Cleopatra）时代开始就雷打不动的。她的穿衣打扮，是为了赢取男人的爱慕，尤其是为了维持她丈夫的爱慕。外国女人穿给自己的姐妹们看，希望她的新装能赢得朋友和熟人的赞美，倘若有人嫉妒难耐、痛苦不堪，在她眼里也不算坏事。相对而言，取悦她丈夫就没那么重要了，他总归要为这些衣服掏钱。中国女人的出发点恰好相反。她穿衣打扮是为了取悦丈夫。她最美的着装是在家里穿的。如果有其他女人赞美她，这份恭维会使她加倍愉悦，因为这是额外收获。我猜，外国女人在努力赛过姐妹们的服饰妆容时一定会享受到更多的乐趣和兴奋感，但我敢肯定，中国太太开口要钱买衣服会容易得多。

潮流不断变化，给中国工商界带来了意想不到的后果。丝绸织造厂最先受到打击。他们的产品或多或少遵循的是标准化生产,尽管偶尔会有一两家心血来潮地推出几次新花样,但货架上摆满的依然是中国女人年复一年购买的老一套,在旧衣服穿破前她们不会考虑买新的。厂家也从来不用考虑是否会过时。现在,中国女人要求推陈出新,看到老存货就觉得不合时宜。我们曼彻斯特的朋友们每年都会带来美丽的新花样,让女士们更加躁动不安,当然,这种躁动也可能就是他们激起的。丝绸制造厂和销售商很快就发现,要想保住生意,就必须每季都推出新花样,或在染缸里调制出新颜色染在旧花样上。在此期间,许多销量稳定的老畅销品开始趋于滞销,最终一动不动。有些产品需要运到穷乡僻壤才能找到买主,卖给那些衣着不够入时的女人。

当铺也遭遇了震荡。典当行在中国是古老而备受尊重的行业,生意一般也很好。[①] 在别的国家,去当铺就是缺钱,在这里可不见得如此。既然当铺老板不仅可以在夏日替他们保管冬衣,还会为此提供借给他们一小笔钱的待遇,中国人认为这没有什么不妥的。结果每逢换季,当铺就会迎来典当旧衣物、放出小额贷款的重要业务。从前,对一个当铺老板来说,丝绸旗袍就是丝绸旗袍,转售价可以精确地预估。后来出现了潮流这回事,他遇上了前所未有的状况:春天值钱的旗袍,到了秋天会一文不值。于是,当铺老板只好不情不愿地研究起女士们的潮流来,变身为时尚专家。让他沦落到这种窘境的是纽约唇膏和曼彻斯特印花布,我十分好奇,他要是知道了这个事实会做何感想!

---

① 在人口接近一百万的上海公共租界,当铺逾三百家。在执照管理没那么严格的纯中国人聚居区,当铺数量更多。

等上很久很久，他或许真能做成一笔买卖

第三章　无利润销售也可发财

在中国每个城镇的每个地方，任何晴朗的日子都能发现这世上最袖珍、最简陋的零售点。有些是将货物放在临时搭建的搁板柜台上，但更多的仅仅是放在铺在地上的一方竹席上。搁板柜台或席子都不过一码见方①。这些单薄的货物往往是看似最没用的一堆玩意儿——歪歪扭扭的钉子，生锈的螺丝，坏纽扣，破门栓，开裂的碟子，一两个空香烟罐。这就像是孩子收集了一大堆

---

① 1平方码约合0.84平方米。——译者注

难以名状的破烂，有模有样地玩开店游戏，这的确也就是自娱自乐的店铺，但玩家是老年人，不是孩子。每逢阳光明媚的早晨，你都能看到老顽童摊主们带着自己的宝贝蹒跚地走到心爱的角落。他们在那里摆好货物，小心翼翼地将锈螺丝从歪钉子上拧下来，坐着晒上一整天的太阳。遇上下雨，小铺就会歇业。这样的生活真是惬意。他们望着街上往来的人群，像看电影一样，同熟人聊天，与竞争商家闲谈，只要等得足够久，他们或许真能做成一笔买卖。可能有人恰好需要卖家展示的某种破玩意儿，就会付几个铜板买下。但这些老商人既不必担心是否有顾客，也不必提交销售报表。儿孙为他们提供床铺和住处，摆摊对他们来说纯属消遣，就像世界上别处的绅士们打高尔夫、掷马蹄铁或坚持到访不再需要他们的办公室一样。或许，其中某些老人的毕生梦想就是当店主，直到年迈才得以实现。如果他们的确希望这样打发时间，儿女们就会设法去满足他们，因为在中国，婴儿和老人家突发奇想的念头总会得到满足。

在许多外国制造商眼里，中国常规店主做起生意来跟这些看似白费力气、一时兴起的练摊儿也差不多——至少从利润角度来看是这样的。每当某种专营品牌因其优秀品质或广告攻势在中国畅销——通常两个因素都有，我们就可以断定，不出几周，它在许多零售店里就会以低于广告宣传价格乃至低于批发价或重置成本的价格出售。这种减价发展迅猛。中国的小零售店没什么秘密或隐私：这些店全部朝街开，商人无须离开自己的柜台就能看到对面的竞争商家在做什么，不仅如此，他们差不多还能观察到对面的每一笔交易。如果他发现某种专营品牌的香皂卖得很快，就会当机立断地将该品牌囤货提到柜台来，并挂出低于正常售价或竞争对手报价一两分钱的价格。与他竞争的店主则以更大幅度的减价来应对，一来一回，直到挨上牺牲利润的临界点，无人胆敢尝试再降一步。降价的消息迅速传开，整条街都知道了，其他街也知道了，无须多久，整座城镇都会以亏本价格卖香皂。

有些人认为，如此大减价将会产生更多销量，对香皂生意有好处。单论销量，的确在理，但这对降价品牌并没有半点好处。商家无法从中获利，自然没多少兴趣出售。他展示这种香皂，挂出便宜的售价，但等顾客来店，他努力推销的却是其他各品牌，而不是他看似在极力推广的那种。他甚至会说那个牌子不如从前了，他不太推荐，所以才会减价。如果大减价持续，所涉及的品牌就会背上无法赢利的黑锅。如果对该品牌的需求始终存在，经销商只好囤货，但他们心怀憎恶和反感，不会倾力出售。广告商不得不承担双倍压力，必须竭力唤起足够大的需求量，才能与经销商的厌恶之情相抗衡。推销进入恶性循环：品牌越受欢迎，价格压得越低，越是无利可图，销售商便越是努力推销其他品牌。

每种得到大力宣传的畅销专营品牌制造商都面临一个同样的难题：怎样迫使经销商以自身能够赢利的价格出售商品。这听起来可能很荒唐，但绝不夸张，因为没有哪家制造商能够完全做到。那些大型香烟公司在解决这个问题上比其他公司处理得更好：他们制定了含有延期折扣、神秘回扣以及免费商品待遇等政策的复杂体系。这些返还、折扣或免费商品待遇，厂家会先保密，受益人等到领取时才会知道究竟是什么。香烟以单品定价卖给经销商，但交易时厂家会提示，在未来的某个时间——比如当所有库存都卖完时，可以得到购货的现金返还或免费商品等额外奖励。一些厂家制定了更复杂、更诱人的激励政策，他们不仅每月发放奖励，还会设置一次春节前的年终大返还，年关时，人人皆需结清当年债务，大部分人急需资金——尤其是商人。无论竞争多么激烈，根据这些奇怪条款付钱买下货物的经销商在减价方面不敢太过分，否则自己可能也会跟着蒙受损失。这种销售政策需要经销商用上杂耍和走钢丝的技巧，错一步都会酿成大祸。技艺高超的表演者可以设出足够高的定价，既给经销商留出高额奖励，又能收获令人满意的利润。当然，那也可能带来麻烦：如果经销商在某季度拿到了令人惊喜的奖励，他们将期待下一季度同样能够收获惊喜；倘若令他们失望，他们就会积怨。

因价格被压到批发价或重置成本以下而受到影响的，仅仅是零售店里的几种品牌，但其他行业的确也有不少批发商会以购入价出售商品——这是一种常见的商业手段，更令人惊讶的是，他们靠这种滑稽的策略居然可以兴盛而发财。乍听可能令人难以置信，其实这种发财逻辑很简单，理解起来也很容易。比如，香烟制造商给批发商九十天的赊欠期，若是重要的大经销商，付款期限还可以更加宽松。中国借贷者通用的宽限期是全世界最灵活的，往往长达几周或数月。批发商会给可靠的零售商一个月的赊欠期，但不会超过一个月，与此同时，他还向小商小贩兜售以换取现金。就连数学水平一般的人都能看出来，倘若他自己争取三个月的赊欠期，给别人的不超过一个月，每月营销额为五千美元，那么他手头总归有两个月的营业额，即一万美元。

所有中国人都认为，手头有一万美元还发不了大财，要么是傻子，要么太倒霉，他们这么想多少也是有道理的。与那些身处资本充足、低利率国家的人相比，他有更多种能让资本迅速获取收益的合法途径。如果他比较保守，可能会成为银行家，以高利率发放小额贷款。至于利率高到何种程度，可从近期上海一桩诉讼案看出来：原告要求索回本金，外加每月10%的复利，他称那本是他轻轻松松就可以赚得的。法官则认为，如此索赔非常过分，因此未予批准；但倘若债权人以每月2%的复利索赔，法庭很可能就会做出有利于他的判决。新年时，双方甚至能够以更高的利率达成短期借贷交易，批发商无须承担任何风险，就能让钞票在几年内翻倍。如果他敢闯风险更大、回报更多的行当，就可以选择投资数家零售店，或不同行业的一家乃至多家批发商，如此一来，周转资金就会翻一倍、两倍甚至三倍。他可以通过买地和修建小店面来获取有利可图的稳定租金，拥有土地就能收到更多钱，买更多土地，修建更多商店，实现利滚利。

香烟生意只是众多能够通过无利润销售发财的行当之一。中国从美国进口大量的新鲜水果，主要是柑橘。按照约定俗成的做法，这种水果卖给当地经销商会提供三十天的赊欠期；现实情况则是，虽说进口批发商希望三十天之内收到付款，但通常还要等上很久。零售商一收到柑橘，就会抓紧时间在他的店里以略低于成本价的价格出售，还会让小贩走遍办公室兜售。他获取的销售额全是现金，很快就能积累起来，短期内也无须偿还。他用这些现金购买产自中国北方的新鲜水果，作为主营商品，如果他运气好，季节适宜，且市场形势大好，在必须为最初那批柑橘付款之前,他就能把存货翻几番,有机会增长两三倍利润。与此同时,美国水果商为上海水果生意提供了资金支持,并傻乎乎地赞助了竞争对手的水果销售。

营业额较少、赊欠期更紧张的小零售商无福享受这种利用他人现金赚取利润的黄金机会,却也能维持生计,过得很舒服,换在别的国家,商人可能无法凭借如此微薄的利润过活。之所以如此,是因为中国小零售商的固定费用很低。为了囤放广告材料、保障工人的住宿,我们曾在宁波租过一家小店:月租为中国货币六元,约八先令。按照其他国家的标准来看,这间小店不算气派,却很有代表性,中国的货物十有八九都是在这种店里售出的。主厅宽 12 英尺[①],进深 18 英尺,没有侧门和窗户,白天临街排门全部敞开展示商品,晚间关闭。后面是石头铺地的小院,将商店和厨房隔开,楼上是几间卧室。

有了这样一间店,税又极低,店主不仅有了必要的办公区,还保证了全家的起居空间,一家人都住在这里,他只需赚取足够的利润来支付衣食花销和房租就可以了。资金问题很容易解决,他可以承接代销来获取商品;即便需要现金,整体开销也不过几百块。只要在货架上巧妙地堆叠空纸箱,就可以用极小的一笔投资做出气派的陈设,画面令人惊叹。你走进的每家店铺里面都塞得满满当当的,从地板到天花板,目之所及都是待售商品,但仔细看看就会发现,其中许多纸箱是空的,囤积的货物总价不超过一百美元。

[①] 1 英尺约合 30.48 厘米。——译者注

不管店面多小，店主至少都有一位店员。在其他国家的小店里，店主有妻子帮忙，但若非身处底层家庭，中国妻子一般不会让经济压力干扰她最重要的工作——做一名贤妻良母。她不会像她日本姐妹们那样白天工作、晚上为人妻，也不会像日本妻子那样默默忍受日常虐待。她一心一意地照顾丈夫，为他修脚指甲、洗衣服，为他养育很多孩子，毫无怨言，除非万不得已，她绝不会帮他谋生。面对这种教条，中国丈夫即便不是完全赞同，也能坦然地接受。他绝不会逃避或分担养家糊口的责任，常被称为家中的"顶梁柱"。这也就是为什么中国丈夫在暹罗、马来亚等远东地区十分抢手，中国男子在那里轻易就能娶到漂亮姑娘。

雇帮手并不代表需要支付一大笔工资，学徒不拿工资。如果有空屋子，他可以睡在里面；如果没有，他可以睡地板。他和主人家一起吃饭，但要有所节制，特别是供全家人分享的猪肉、鸡肉等昂贵食物。店主也会为他提供必要的衣物，如果生意好，过年还会给他一件棉袄，或许再来点现金。两厢情愿，没什么不公平。小伙子得到的不仅是食物、住所以及缓解父母压力的机会，还有学习某一项技能的机会。日后他自己也可以开店当老板——而这，似乎是中国一大半人的抱负。

生意蒸蒸日上，店面扩大，就会雇佣新人，店里闲人总比忙人多，人手总是多于实际需求。走进任何一家零售店，看到店员人数不到顾客的两倍，那才叫奇怪。扩招店员时，店主并不会像评估学徒时那样随意以天赋、勤勉和正直程度等资质来挑选。无论他考查得多么仔细，都不能完全确定新员工是否拥有这些特质中的一种或几种，即便他们拥有这些特质，也不能完全确定他们是否会利用这些来为他的雇主牟利。挑选员工，店主自有一套更高效的办法。环视顾客所居住的街坊，他注意到王家人丁兴旺，却从没来他店里买过东西。时机一旦成熟，他就会把王家一名年轻卑微的小字辈招进来，他推测，此后来自王家的顾客定会源源不断——果不其然。与此类似，周家、林家、张家也会有年轻人被招进来，招工人数仅取决于附近有多少生意大到足以赚一笔的家族。不忙的时候——大部分时候都不忙，这些小伙子就会被派去观察自家亲戚是否会走进竞争店家，如果有人进去了，就需要展开家庭内部调解。

　　在提供服务、调控家族贸易利润额多年之后，伙计或能得到一小笔工资，再过很长一段时间，他没准还能成为合伙人。无论多少，所得工资都难以涵盖生活开销，但倘若某年利润很高，过年时花红可能会比较多。如果王家家族兴旺，家底足够丰厚，小王可能就不会继续同老雇主合伙，而是靠家庭赞助自己开店，随后，王家的生意都将整体转移到新店。实际上，那是合乎逻辑的常见发展趋势，也能解释为什么中国店铺甚多，大店却少之又少。多数情况下，大店之所以存在，很可能是由于那个家族人丁兴旺，无须雇外人做帮手。

　　尽管中国商人会将货物堆放在一眼就能看见的地方作为生意兴隆的证据，他却很少投资新展示柜、玻璃橱窗或其他那些让英国零售商沾沾自喜的虚荣之物。其中有两个原因——两个毫不相干的原因。如果他生意好，自然不愿改变店面或办公室的环境、打破原有的好风水。另一个原因更实在。商品是可以出售的东西，或许还能赢利，但无论如何都有市场。设备，比如展示柜和桌子，属于长期投资，会给顾客留下坏印象。毫无疑问，愿意在这种事情上花几千块钱的人，终究会想办法把钱从顾客那里赚回来。买家的本能告诉他们，比起那些甘于屈就简陋陈设的店主，这些热衷于花哨摆设的人更贪图利益，更应该提防。

许多来上海的游客都不会错过一家闻名世界的丝绸店。它的确名不虚传，能拥有如此之多美丽织物的店铺，全球仅此一家。邦德街①商铺里的那些宝贝，跟这家的丝绸比起来只能算得上俗丽。然而，单从店面并不能看出它的价值。这家店位于一条不起眼的小街，没有玻璃橱窗，油漆也已剥落得只能看出一种颜色。店内地板用的是便宜的木料，磨损严重，有的地方还开裂了。在英国很难找到如此寒酸的柜台和展示台，经理的办公桌破旧得连英国跑腿小伙计都不愿坐。要是拿去拍卖，整个店面的家具和固定设备或许还抵不上一辆品相良好的二手车。但摆在这些廉价松木柜台上的丝绸，绝对是珍品！况且这家店财源不断。就连生意平淡的一天，收入也会超过全店家具和固定设备的总额。

同一条街上几个街区开外，是全中国最大的烟草公司，放在哪里都能算作兴旺发达的典范。公司入口处堆满了打包箱，来访者不得不绕道而行。通往办公室的昏暗楼梯道又窄又陡。小小的办公场所十分拥挤，整个地方看起来就像是乱糟糟的兔子窝，只是大到可供人类走动而已。此处唯一可以亮明家底的，是几名全副武装的俄国保镖，他们的存在是为了保护富有的老板免遭绑架。那伙人很清楚，向这种大亨索取百万赎金绝不在话下。这位

---

① Bond Street，位于伦敦市中心的购物街，汇聚各种精品店。——译者注

烟草百万富翁就是在这样一间办公室里白手起家的,他在这里发家致富,没有什么能够诱惑他换地方。就连扩大私人办公室的窗户,促进空气流通和增加采光,他也不愿意。

能够拜访纽约的大广告商是一种荣幸。那里的公司处处都在

全副武装的保镖说明,他是个有钱人

炫耀建筑师和室内装饰名家的艺术品和技艺。伦敦、巴黎和柏林的大广告公司都拥有上档次的办公室,看上一眼就难以忘怀。但我绝对无法想象中国广告客户在那种光鲜亮丽的地方签单。一跨进门槛,他就会本能地估算起地毯的价格、现代风家具的价格以及接待处美女的工资。他只会得出一个结论:"日常运营太奢侈了!都是表面功夫!这些东西很费钱,得有人埋单,但绝不会是我。我得找一家向我卖广告服务而不是室内装修的。"

潮流和观念一直在变,眼下中国变得最快。办公场所的潮流也在变。留过洋的中国人和它有点关系,上海迅猛发展的房地产

和它更有关系。留美归来的学生带回了玻璃板和成套的钢家具，也带回了这样一个想法——中国的进步有赖于接受这些橱窗展示手段。其中有些人劝动了父辈，但大部分还是劝不动。

上海发展房地产的时机日臻成熟，一些金融家已经有所打算。邋遢的老楼被推倒，更新、更精致、更昂贵的楼房拔地而起，我们不得不支付更高的租金。电梯代替了楼梯，玻璃橱窗和现代办公楼的其他设施也出现了，城里的家具风格自然而然地跟着变了，其中有一些从方方面面来看都能体现出现代感。但大部分情况下，这些配有高档家具的光鲜办公场所都是外国人在用。新楼建好之后，老楼空出来一部分，中国人以低于往常的租金入驻。想让中国人入驻配有上好家具的现代办公楼，那就等上海整座城市几乎重建、再也没有寒酸的老楼、二手家具店尽数倒闭吧。

尽管在零售店打杂的伙计很少拿到固定工资，但这并不代表他们没钱可花。在有些店里，伙计手头的小钱可能还不少。根据不成文的老规矩，到店的东西，除货物外都归店员，那是属于他们的废品。这些东西包括箱子、桶、板条箱以及其他包装材料、货物样品和全部广告材料。包装箱是头等奖，仔细拔除钉子后，木板就能分拣出售。木板能卖上很好的价钱。除了可忽略不计的以外，中国绝大多数木材都是进口的，经船运发往没有当地供应商的内陆地区之后，价格则会因为运费一涨再涨。在某些地方，包装箱单块木板的价值可能是从海外锯木厂运来时的四五倍。对一个生活在内地的中国人来说，劈了包装箱当柴火简直荒唐至极，这好比生活在木材大国的居民劈了家具当柴火一样。

许多试图精简中国包装箱的制造商发现，这个实验得付出高昂的代价。如果一家商店囤了两种竞争品牌的沙丁鱼，一个包装在转售价值为三十分钱的箱子里，另一种包装在转售价值为十五分钱的箱子里，无须多想就知道店员会努力吆喝哪一种。装在十五分钱箱子里的品牌将会被推到不碍事的角落里，另一种则被推向顾客。在中国，纤维板纸箱用得很少。这种材料在华生产，广泛用于出口包装，但很少有制造商敢用它们装载运往中国内地的商品。它们没有多少转售价值，包在里面的任何商品必将遭遇销售者的冷眼。反过来，另一些制造商则会故意使用更重、更值钱的箱子——并非出于货运需要，而是为了增加转售价值。这种额外成本会使批发价增高，最终转嫁给顾客，但店员从中得益，大家都满意。若想让自己的产品在中国站稳脚跟，却不太了解自家包装箱和其他容器的转售价值，只能说连在中国做生意的基本常识都没有。从另一方面来说，能够设计出低成本、高转售价包装箱或其他容器的制造商，则会走上成功之路，可能无须广告代理相助，产品就能大卖，从而获得高额利润。

交给零售商的用于在顾客中分发的样品也会和包装材料归为一类，如果量足够大，那就更有价值了——不是作为促销手段，而是方便店员创收。中国人懂得生活的艰辛，看见掉在地上的无主铜板都要捡起来，他们无法明白怎么会存在赠品这种玩意儿。如果某样东西有价值，哪怕是本该免费的样品，他们也会乐意付钱。结果，一些制造商满怀希望地将样品发给零售商，店员却直接出售，收来的钱正好拿去买烟。由于一个牙膏品牌的购买者大多是该品牌的老顾客，样品通常会以极低的价格卖给他们，所以制造商分发试用装反会导致标准装销量下降，利润没拿到手，反遭损失。他还开了个坏头，因为店员一旦发现制造商居然傻到免费赠送可以出售的好东西，就会不停地向他施压，让他发更多的样品来。

我不时在美国广告杂志上读到成功的促销计划，某些新产品的制造商通过慷慨分发正装大小的试用装，让自己的产品一夜间家喻户晓。这些方案大同小异。读者从报纸上剪下赠券，拿到指定销售点换取广告中的物件。有时，商家告诉读者可将赠券交给任何一家与制造商有协议的经销商，后者会从自己的库存中取样品，随后制造商会根据收取的赠券以零售价补贴销售商。这个计划一定很棒，否则制造商们不会纷纷采用的。但一想到在中国尝试这种事儿会发生什么，我就要瑟瑟发抖。

我们以这种批发赠品计划为蓝本，稍做变通，试验过两次，结果都很惨。第一次恰逢第一次世界大战之后，一家颇有声望、十分保守的英国老公司接管了一家纽约公司的代理权，后者生产制造爽身粉、廉价香水以及其他小玩意儿。纽约制造商自信十足，洋溢着战后繁荣带来的自信与活力，往上海寄送了上千份试用装以及他们在美国各城市促销时采用的详细活动方案。基本流程无非就是邀请读者持赠券前来，索取内含爽身粉、香水、香皂和牙膏小样的试用套装。

这家英国公司不仅接管了香水代理，也继续对接我们的广告服务，要求我们将该计划付诸实践。我们极力反对赠品方案，建议将样品以十分钱的低价出售。这家颇有贵族派头的老公司的经理从前接手的都是更重要的东西，比如棉织品、机器设备以及染料，伦敦上司让他来接管这条美妆产品线，他多少有些懊恼。我们建议赠品收费自然让他火冒三丈。他问，难道我们觉得他在开小店吗？难道我们认为，他们接管了这种垃圾产品线，就要堕落到乞讨邮票、向苦力要铜板的地步吗？最后，刊登的广告称免费发放，但我们故意只选了一家当地报刊登出——发行量最少、我们预测效果最差的那家。

广告刊登后的次日清晨，那家代理的办公室还没开门门口就已经挤满了人；一小时后，整条街都被堵上了。他们分发赠品不够迅速，人群变得难以控制。还有人用砖头砸碎了玻璃窗。巡捕被叫来开道，否则车辆无法通行。最后，经理被拖上治安法庭，被指控阻碍交通，罚款五镑。

几年后，我们又参与了一次类似活动的执行，我们希望，制定的方案至少能保证我们不必在治安法庭上露面。我们的计划是，每人凭报纸上剪下的赠券换取一块标准装大小的新品香皂。我们安排了四十个不同的兑换点分发样品，这样无论需求量多大，都能够分散开来，不会造成大麻烦。为避免伪造赠券等各种小伎俩，该计划被严格保密，只有少数几位执行人员知道。最初发往报社的广告丝毫没有提及赠品分发，等到最后一刻我们才发送新印版替换。那一晚，我们得意扬扬地躺在床上。

第二天，我们发现自己得意得过早。在报纸印刷的过程中，有人发现了赠品分发活动，很快，上海所有报童都知道了。他们迅速增加了订货量，因此增印了一万份左右。然后这些报童将所有报纸的赠券都剪下，将被剪过的报纸送到指定用户家或当街出售。八点兑换开始时，他们已经在那里等我们了。

当然，我们明确了每人只能拿一份赠品，这一说法从理论上来看毫无漏洞，但用于实际操作却再蠢不过了。我们试着给口袋塞满赠券的报童讲这个规矩，他们却雇来一批小男孩，后者每兑一份赠品就能得到一个铜板。这种活儿其实非常适合投机者，他们坐在附近的茶楼里，轻轻松松地将自己不花一分钱就拿到手的香皂堆积起来。一天内，我们发放了价值几千美元的赠品，据我们所知，超过十分之九都落在报童手里。他们将香皂赠品卖给经销商，再由后者低价出售。新品牌上市不出六个月就被扼杀在摇篮里了。

每当我们将广告材料运往中国各处时，都会向海关宣称"无商业价值"，以避免关税评估。这一说法在运送内含广告材料的文件时再常见不过了，但它完全就是假话，至少在中国没这回事。我实在想不到一样毫无商业价值的东西。最朴素的传单和广告招贴都能派上用场，尽管与其发放初衷风马牛不相及。它们常被用作包装纸，或粘在一起扎成结实的鞋垫。有个老说法称，宗教宣传册正是因此而得以广泛流传。印单页的传单可以写字，还能做成好看的信封。月份牌广告画也卖得不错，有时甚至能卖上好价钱。我们曾为一家美国香烟公司制作大幅的平版印刷月份牌，定价二十五分，轻松售出——还赚了好几分钱。中国人买月份牌广告画当艺术品，用于装点家居，他们毫不介意上面是香烟还是鱼肝油的广告。在上海以及其他大城市，都有专门出售月份牌的经销商。金属标牌也很值钱，尤其是那种英国广告商在伦敦公交用过，并因此认为应该在全球推广的厚搪瓷广告牌。这些搪瓷牌很适合做小火炉。苏州某家店多年来都在出售这种用苏格兰威士忌广告牌做的小火炉。店主似乎拥有源源不断的材料，或许他某个侄子的雇主是个拥有威士忌代理行的英国人。

　　要想在伦敦的高端店铺工作，必须通过一种员工效率测试，中国店员怕是很少有人能够通过。但他们似乎全都可以本能地做到一件能让世界各地零售商都心花怒放的事情——拿到一张钞票或一枚硬币，他能够一口报出面值。他会拿起来举在你面前，如实报出"五块"或"十块"。在中国，绝不会有这种争论或误会：找钱时，顾客声称自己给的是十块而不是五块。美国密尔沃基（Milwaukee）一家百货商店的经理来上海时告诉我，为了把这种本事教给他的收银姑娘们，他耗资数千美元，但她们毫无长进。他在上海走访了多家零售店，我猜，为了享受店员当面清点面值带来的乐趣，他肯定买下了不少小玩意儿。当他启程离开中国返回美国时，他告诉我，没有一名中国店员报错。

上海的清洁工在清理战争痕迹

第四章　海鸥在这里会挨饿

　　一个经常来我办公室的中国朋友最近去了一趟大连，那种日本走私者天堂式的繁荣景象让他大为震惊。他对那些能给外国人留下深刻印象的现代化码头和船坞无动于衷，外国人一见到那些就容易激动，但他的关注点是人，而非机械产物。返回上海后，他大谈，在那个走私者打造的现代化繁荣小港湾里，似乎每位劳动者都能吃得饱、穿得暖。他太激动了，好几天都在说这些。办公室里有人说他夸大其词，他便摆出了最后的铁证。他说，大连人过得特别滋润，街上烟蒂丢得到处都是，但谁都懒得去捡。

上海纯中国人聚居区的街道上就没有烟蒂。在这里以及中国其他地方，吸烟者抽完一支，烟蒂已经短得不行了，再来一口就要烫嘴。所剩之物只能被称作烟"蒂"，使用其他任何字眼都不合适。外国人抽烟太浪费了。还剩好好的半英寸，大多数外国人就把它丢了，还有人更奢侈。但并不会产生浪费。街上的废弃物会被眼尖的老人找到，他们带着一端有叉子的棍子，夹起有商业价值的烟蒂装进小罐头盒里。下雨天，回收这一环节完全无法进行，他就去除烧焦的那头，将烟丝从纸里取出，以此为原料，手工卷制许多可以出售的香烟。论净收入，这是全世界利润率最高的香烟生意。从原材料到广告费，零成本，制造者收获的每一分钱都是净利润。这桩小生意还能使街道保持整洁。

1932年日本侵略上海时，消耗的武器弹药数量惊人，从重型炮弹到机枪子弹，什么都用上了。实际上，上海有些外国人认为，日本决定将手头囤积的大量弹药全部用在中国有生目标上，以获取实战经验。在上海公共租界的虹口地区，日军疯狂发射炮火，但此举毫无道理。虹口既没有中国士兵，也不曾有过，但日本步枪手和机枪手瞄准任何一个移动的目标开火，火炮手干的更是技术活儿：他们打穿邻近的中国房屋，却避开了许多与日本利益相关的建筑。许多手无寸铁的中国平民惨遭杀戮，日军对猫的屠杀也十分残忍。

在日本人享受"血腥狂欢"时，其他人都撤出了这片区域，就连巡捕房都关了，街上只剩日本军队。始终面临极大危险却在战火中仍保持运作的服务部门是市政的街道环卫。虹口清洁工得到的命令是清扫相对安全的片区，他们无视这道命令，或假装没有收到，依然坚守原来的岗位。大部分时候，他们躲在相对安全的片区，但等日军的目标演习处于间歇期，看似比较安全时，他们就会带着扫帚和篓子，蜂拥到街上回收铜弹壳以及其他来自现代武器的废料。仅此一次，他们有机会从街上清除某些具有一定价值的物品。通常，早起的人会赶在清洁工劳动之前走上街头细细巡视，捡走最值钱的废纸。这回不仅资源充足，还没有竞争者，他们充分利用这种时机。在战斗确定结束的几小时后，上海一群纪念品搜寻者涌入战区，可他们连个机枪空弹夹都没找到。如此看来，上海这场战争可能是有史以来最整洁的一场战役，因为在那些没有子弹呼啸而过的早晨，清洁工会一起出动，把战区打扫得像厨房地板那么干净。

上海港不仅是全球最重要、最繁忙的港口之一，也是最干净的港口之一。[①] 这片水域不像某些更受人青睐的海港那样呈现出湛蓝色，而是呈现一种浑浊的黄。可上海港的水面，绝无其他港口时常漂浮的那些浮渣和弃物，没有破破烂烂的水果筐、半露出水面的麻布袋、烂橘子以及漂浮的零碎木料。这些都是有价值的东西，它们被那些在海港辛勤往来的打捞船"救"走了。大部分无知游客会将这种值得尊敬的船只称作"乞丐船"或"食腐船"。这种污名既不准确，也不公正。上海的拾荒者们在有限的条件下所做的工作，与那些拥有蒸汽拖船、股东和董事委员会的大公司所做的工作一样令人敬重，区别仅在于业务的规模和重要性。船上设施简陋，人手也不多。他们用的是一种

---

① 从进出港口的船只吨位来看，上海是世界第二大港。

平底小船，凭一双桨即可起航。船员通常包括身为船主的船长、他的妻子以及暂时无法在岸上独立谋生的年幼子女。全家人共同致力于打捞海中残渣。

他们尽职尽责，所以上海没有海鸥。在苏格兰繁荣的沿海地区，这种有用的食腐动物过得非常滋润，但到了上海它们八成会饿死。人们编了一个颇具想象力的故事，大概是说，不时有迁徙的海鸥路过上海，可是飞在前面的总会匆忙回去报信警告其他同胞，哪怕所在地给养有限，也最好原地不动，因为上海一丁点儿口粮都没有。

上海的打捞船时刻准备着

每当大商船或炮艇在上海抛锚，就会有一艘或多艘小打捞船选好战略位置抛锚，接住从垃圾卸槽倾倒下来的各种东西。英美海军养成了一种习惯：抵达上海前的一天或几天，推迟清理厨房。这样就能攒下大量空瓶子和空罐头，偶尔还有被军医判作不适享用的食物。船员也会慷慨地存一些旧衣物，为上海的"人类海鸥"提供更多宝贝。每当有一艘这样满载"宝物"的炮艇冒着蒸汽驶入港口，打捞船就会一拥而上，好像一个世纪前柏柏里海岸①的阿拉伯海盗包围快帆船似的。每个船长都会勇争第一；脏话满天飞；行船也不守规矩了，横冲直撞。

英美炮艇饶有兴味地观赛，拿出厨房给得起的头等垃圾来奖励赢家。但赢家不能占尽一切。等垃圾卸槽倾倒出一定量的垃圾之后，他会被要求离开，以便给其他船主也留点机会。炮艇从抵达直至驶出上海，周围始终环绕着小打捞船。他们什么都不会放过：瓶瓶罐罐很容易就能找到市场，食物可以用来喂猪喂鸡。在中国，任何东西都具有内在价值，都可以转化成现金。

每个外国家庭都会产生大量的可回收物，这正是家庭苦力的额外收入来源。实际上，家庭苦力绝不放过家中每一件废弃物的狂热之情似乎表明，东家的主要功能就是为他提供可以拿去贩卖的空瓶子、空罐头、旧报纸和旧衣物。衣服很少会因太旧而找不到销路，实在太破了还可以拆开，然后再拼接成衬衫或外套。或许有几颗扣子是裂开的，虽然这种残缺会使衣服的市场价值降低，却不至于一文不值。如果附近有人做衣服，那么每一块布都会被

---

① Barbary Coast，北非地中海沿岸地区，历史上很长一段时期都有海盗劫掠船只出没。——译者注

保存下来。就算一些布料无法被用在衣服上,还可以将它们几层粘在一起,扎成耐用的鞋底。长江上有许多中国帆船的篷布就是由旧面粉袋缝制而成的。一些空罐头盒和旧面粉袋一样有价值。可用的罐头盒拆成一片片矩形片,可以熔化成焊料,用于各种用途。攒得足够多时,你也可以将它们像瓦片那样一片片叠起来,为房子搭建一个镀锡铁屋顶。破碎的窗玻璃也有价值,木匠会用碎玻璃打磨木工。我们家的苦力天天在废纸篓里寻找我扔掉的手写稿。他绝不是傻傻地认为我的字迹日后会展现出历史价值或收藏价值,他只是明白,这些纸仅有一面写过字,使用价值仅损耗一半,空白的一面很容易就能卖给学生。只剩一小截的石墨铅笔或许也卖给了同一顾客群体。他连旧胶卷底片都要回收,除了助燃,我实在想不出来它们还有什么其他的用途。

数百垃圾车苦力推着小车满上海跑,从家家户户收集三百万人不需要的东西。他们的职业是悲苦的——不是因为卑微,而是因为希望渺茫。他们知道小推车里肯定不会出现空啤酒瓶、旧鞋子或破椅子。他们明白,即便里面能冒出一张旧报纸,一定也是破烂起皱到了无法转手的地步。家仆必然不会给他们留下有用或依然能够出售的物件。

鉴于中国仆欧[①]和厨师操持家务的能力远远强于上海的外国夫人,后者便优雅地将家务事儿交给仆人们,自己腾出大把时间玩桥牌。对她们来说,从周四清晨到周三夜里,天天都是过周末。全世界可能只有上海这一个地方早上九点就开始打桥牌,妻

[①] 旧日上海人对英语 boy 的音译,指男仆、男佣、服务生或小勤杂工等。——译者注

子去打桥牌的时间与丈夫上班的时间同步。上海产生的略带污渍的报废桥牌数量惊人，让不少节俭的家庭苦力欣喜地获得了多买块猪肉的额外资金。它们也为黄包车夫提供了极其廉价的牌，每张一剪两半，就能将一副牌变成两副，而且恰能塞进马褂口袋。如果你观察得足够仔细，就会发现每张牌的确可以剪成两半，但用途不会打半点折扣。

北京路是上海最有意思的道路之一，它以旧货店著称。一些颇有贵族派头的店铺只做二手家具交易；只要足够走运，足够细心，你就能以实惠的价格淘到值钱的好古董。在不那么张扬的店面里，你可以找到外国家庭不需要的旧物。这种地方同样还能买到老式丝绸顶大礼帽、马靴、马鞍、高尔夫球以及略微显旧的马辄。一些店铺主营汽车零部件，如水箱、引擎、方向盘以及旧轮胎。还有的店铺出售从汽艇上搜刮来的零部件，如船用引擎、罗经座灯、信号铃、船灯和救生用具。有人可能会想，遇上一个需要这些专业垃圾的顾客的概率该是多么小啊。然而我每天上下班路上几次经过这些店面，都会看到交易正在进行中。我曾在那里买过二手捕熊夹，倒不是因为我需要这种东西，而是因为发现有这种东西出售感到吃惊。对任何一个有耐心搜寻零部件且拥有组装技能的人来说，从北京路上淘来各种宝贝并拼出一辆完整的汽车都是极有可能的。

说任何东西在中国都有价值，该论断的普适性或可扩展到令人意想不到的领域——伪铸币。二十年前还没有中央造币厂①统一铸造银圆，那时有许多地方造币厂，除了这些厂家生产的硬币之外，墨西哥银圆和旧西班牙银圆也在流通中。鉴于不同省份造币厂的厂长们对银圆重量和纯度有不同的想法，他们各自的主意也时常变，于是就出现了不同价值的银圆。在任何涉及支付或收取一定数量银圆的交易中，都有必要讲明哪些银圆可被接受，或约定不同硬币的相对价值。旅行者通常会携带令人眼花缭乱的各类硬币；中国政府铁路部门曾在多数省份的主要车站张贴官方告示，列出几种不同省造银圆的收购折扣。告示底部有一行字：

"伪铸币以市场价收购。"②

现在我们使用纸币或"管制"货币，银圆很少见了，但在每个人——穷困潦倒的人除外——兜里都能找到几块沉甸甸的银圆的时代，在卡巴莱③餐馆或夜总会的纪念品中看到它们一点也不奇怪，或许一两块看起来很可疑，它们碰出的响声并不清脆，听起来很沉闷。它们并非纯银铸造，或许完全不含银，但这并不会让它们贬值，也不需狡猾地偷偷转手换给别人。我们只需将这种银圆带到兑换商那里，经专家仔细鉴定，就可以根据实际价值兑钱了。如果现在我发现自己有一箱子伪铸银圆，我会把它们带

---

① 据《普陀区地名志》记载，1920年上海金融界为了统一银圆的重量、成色，实行"废两改元"，建议筹建上海造币厂。1922年厂房建成，但筹建工作因资金问题于1924年中断。1928年该厂更名为中央造币厂，继续筹建，于1933年正式开铸。——译者注
② 此处根据英文字面意思直译。——译者注
③ 一种在餐馆或夜总会等场所进行的歌舞或滑稽剧现场表演。——译者注

给我中央造币厂的朋友韦宪章[①]，按照它们的实际价值换钱。我非常好奇，要是把一堆伪铸币卖给其他国家造币厂的厂长会发生什么！

当然，对伪铸币的宽容态度源自这样一个事实：中国硬币的价值，绝不会超过其中所含的金属的价值。如果银的纯度相同，一块重五磅的银子，其价值恰接近五磅银圆。旧银圆上印有各自的重量，价值毫无争议。如今，银圆已被纸币替代，小额硬币用的是镍铜合金。新硬币一旦铸好就会立即进入流通，旧硬币一旦被造币厂购回就立即拿去熔化，如此循环，旧币迟早会彻底消失的。但让讲求实际的中国人明白，用一枚金属价值仅为一分钱的十分之一的铜币，就可以买到一分钱的东西，并让他们习惯这种奇迹，还需要很长一段时间。

如果我住在英国或美国，那么就会热衷于推广一项慈善活动。每天读完报纸之后，我并不会将其扔掉，而会把它们仔细折起来摞一堆。我会劝朋友们一起加入，然后慢慢扩大到整个城镇的居民。等每人凑足六个月的报纸之后，我们就统一收集、堆进某个仓库，然后打包运往中国出售，将所得收入用于缓解中国饥荒。中国始终有饥荒，有大饥荒，也有小饥荒。所以这项慈善事业有赖于人们的长期支持。当然，如果每个人都保存旧报纸，并将其贡献给这项崇高的事业，中国市场的旧报纸很可能会供过于求，市场价会因此而暴跌，导致减去包装费和运费后，用于缓解饥荒的现金净收入会少之又少。但若能维持市场价，贡献英国旧报纸即可赈

[①] 原文此处以英文名 Lott Wei 呈现，根据后一句以及时间和事件判断，应为 1932 年 7 月受命担任中央造币厂代理厂长、负责鼓铸新币工作的韦宪章。——译者注

济中国不太严重的饥馑之年，并可以竭力缓解较为严重的饥荒。

几年前，两个有钱的兄弟继承了上海一家外文报纸——上海这种报纸很多。他们对出版业一无所知，但所幸他们同时继承的还有其祖父通过鸦片生意积攒的一大笔财富，这对他们以及利益相关者来说是件好事。办报，他们玩得起。他们坚持了几年，坚守着出版爱好者的身份。他们最爱尝试的花样之一是出版特刊，有些的确非常成功。上海有一部分广告客户——其中包括我们所有的客户，都懂得特刊之所以特别，仅仅在于能为出版商增收，但月复一月，年复一年，赞助的傻瓜依然不见少，导致上海的特刊已经多到能拿世界纪录了。单看日报，就有六种语言的，它们各有出版特刊的托词。不计其数的周刊也会不失时机地捧出特刊。唯独工商机构名录出版商没有特刊，他们或许会策划五十周年纪念或百年纪念特辑。

在小规模行动获得一定成功后，这两位经验不足的出版商大受鼓舞，决定出一期特刊，让自己和其他出版商从前的尝试都相形见绌，创下无人企及的世界纪录。他们雇了额外的广告和发行人员，谨慎地为吝啬的广告客户降低费率，终于在某个周日印出了这份特刊——我从未见过版面如此之多的日报。面对这种事情，我就是个老顽固，若非客户强烈要求，我绝不会在这些特刊上登广告，这份超厚特刊的出版完全没有我们的赞助。他们的广告经理对自己的成就十分自豪，忍不住沾沾自喜，所以几天后他过来，说我错过了大好机会，因为这份周日特刊的销量是普通版的两倍，更是将在华出版的其他外语报纸远远甩在了身后。

他提及的发行量证据确凿，但完全没必要跟我解释，因为我已经了解到了他们报纸的销售状况，这使我心怀内疚，也很尴尬。特刊出版后的周一早晨，我一进办公室就发现这些"巨无霸"堆得到处都是。没等多久我就明白了，我到办公室的时间非常巧，再晚半个小时可能就没机会知道了——半小时之后，这成堆的周日特刊将被送往已签下收购合同的旧报纸经销商。事情是这样的，通过售卖我的旧报纸，我办公室有几名苦力已经对旧报纸的市场价值了如指掌，得知这期特刊版面多得惊人之后，他们算了算重量，发现若以街头报摊零售价采购这期报纸，然后转售给旧报纸经销商，每千份就能赚二十五美元。他们联合其他人一起为这项壮举筹款，并请朋友帮忙落实行动，报纸一出来就立即买下。他们的计划滴水不漏，常规订阅者的确都收到了报纸，但除此之外，其他诚心诚意的读报人很可能一份也没见到。我听到了办公室里的传闻：这些苦力总共赚了三百美元。

阴阳相生

第五章 推销无须推销员

　　每位来到上海进攻中国贸易堡垒的工业大亨，首先考虑的事情通常就是组建一支所向披靡的中国推销员大军，在短时间内迅速扩大影响。他在自己的国家就是这样走向成功的，他认为在中国采用同样的计划没什么不妥。倘若船上有熟人曾跟他提及在上海是怎么做生意的，他就会明白，在这种人人皆知的促销途径上，竞争对手也没有走多远，机遇之门对任何一个略懂销售团队组建与培训的人都是敞开的。很多人来找我们，请求推荐一位或几位优秀的推销员作为他们初始团队的核心。每当听到这种请求，我都会给出同样的答案，答案没有半点虚假，却很难说服那些习惯了靠推销来做生意的人：

"很抱歉，可我也帮不上忙，要是我知道哪儿有厉害的中国推销员，我自己早就雇来了。"

中国哲学有很大一部分都基于"阴"和"阳"的二重属性。男性和女性，太阳和月亮，冷和热，如此等等，有无数对互补力量，彼此结合才能形成完美的整体。阴阳相生的原则，和中国这个国家一样古老，在许多没听过它的国家都有应用，也被用于中国古代哲学家们从未料想到的局面。这一哲学原理十分完美，包打天下，蕴含了馅饼中面皮和水果馅的关系、三明治里黄油和面包的关系、酒品中威士忌和苏打水的关系。这些普普通通的类比与该哲学理念无关，仅用于展示其应用的普适性。举个例子，没有好听众就出不了优秀的演说家，这显而易见。自从人们不再参加政治集会，改成直接读报，全世界的演讲质量就整体下降了。其中，演说家正极的"阳"与听众负极的"阴"相生相克。人类学家或许可以详尽演绎这条古老的哲学原理，直到从中挖掘出一套能够说明环境的影响的完整解释。

美国人之所以能够组建全球史无前例的销售大军，是美国人的心理使然，但我不明白、也不会试图去解释何以至此。或许，由于听众人数减少，那些表达欲望极强的人只好投身舞台有限的推销领域来实现自我。无论如何，推销与接受推销是美国的一大职业。我的同胞们十分享受推销员来访，正如他们十分享受理发师和擦鞋童的服务那样。在我看来，美国商人很喜欢舒舒服服地靠在椅子上，任由一位优秀的推销员对他们信口开河。他们像鉴赏家一样用眼和耳评估他的技巧，遇上精彩的表演就会心情大好，认为表现欠佳就会感到烦躁。若非如此，怎么会有那么多人依靠这种动嘴皮劝人买东西的职业来谋生呢？了解这些东西，本不需要任何人帮助，况且这些东西，可能是需要或想要的，也可能是不需要或不想要的。这似乎是一场较量，双方都乐在其中。买家实际在想：

"我今天早上就是什么都不想买。来吧，看看你能怎么办。"

随后，如果推销员足够厉害，他就能赢，掏出钢笔，在虚线上签下又一个名字。听听那些成功的推销故事——往往是买家讲的，人们可能不禁会认为，大部分情况下，签单的决定性因素并非产品的价格或质量，而是推销员的技能。"买到一只小狗仔"[①]这种极富表达力的词组混进英文后被视为美式绝非偶然。

上次回美国时，我的确需要一顶帽子和几条领带，但购物时我心里特别不痛快，因为在我看来，好像没人愿意让我买东西；他们都在拼命向我卖东西。我清清楚楚地记得那段关于帽子的小插曲。我走进纽约先锋广场（Herald Square）的一家商店，直截了当地说我打算买一顶帽子。我没说自己心里十分清楚想要哪种帽子，因为我假设他们明白我自有想法，况且无论如何都会询问，也会根据我的意见来挑选。但高效营业显然不走这种流程。那个机灵的年轻人瞥了我一眼做出鉴定，随即从架子上抓起一顶帽子，开始大谈各种卖点；一顶帽子有这么多卖点，我还真没想到。

---

① Sold a pup，指购买或接受某物后，发现东西没想象的那么好，感觉自己上当受骗。——译者注

离开故土有一段时间了，我早已习惯了中国推销员彬彬有礼、恭敬顺从的态度，这次遇到进攻策略还是头一回，让我很不舒服；但我已经下定决心，要自己买一顶帽子，而不是任由别人卖一顶帽子给我，所以我对售货员说：

"我是来这里买帽子的，而且肯定会买走一顶。要是你不再拼命给我推你自己喜欢的那顶，而让我随便看看，我肯定能找到合适的。"

销售员脸上的某种表情一定是向楼层经理发射了沮丧的信号，后者匆匆赶来，问我是否要他帮忙。我开始重复对营业员说的那段话，但很快就被打断了：

"我是来这里买帽子的——"

"这是我们的最新款——"楼层经理说。

"不劳费心，"我说，"我不想买帽子了。"

随即我妻子介入，"外交"谈判恢复，最终还是有人卖了一顶帽子给我。我一直对那顶帽子心存芥蒂，等它旧了、被送给上海一位黄包车夫时，我特别开心。唯一能让我满意地买到领带的方法是，在商店橱窗一眼相中后立刻冲进店里，趁营业员还没来得及说一句话就赶紧付钱。

我说这个故事并不是为了证明我的暴脾气（很多读者或许真的会读出这层意思），而是为了表明美国人的确比其他国家的民众更容易接受推销，接着继续解释为什么推销员在中国少之又少——如果的确存在的话。原因在于，推销员在中国找不到合适的心理材料，就像没有木材的木匠或没有管子的水管工一样，无助而无用。让侍应生领班替你决定这餐吃什么，似乎是在大部分欧洲餐馆消费时的惯例,也是在那种地方用餐的乐趣之一,但我无法想象中国人会这么做。他知道自己要吃什么,知道自己要买什么,倘若他面对的事情不在自己的经验范围之内,就会向懂行的朋友寻求建议。两千多年前,中国伟大的孔圣人就教导他的同胞们对任何形式的雄辩都要保持警惕,他认为这是一种狡猾而具有欺骗性的虚情假意。中国人对任何一种口若悬河、旨在让他们掏腰包的人更是会重点防范。如今,人们心目中的理想型推销员风度翩翩、衣冠整洁、言语动听,但孔夫子特意点名批评他们。他警告门徒要小心这种人,因为这种人往往没有原则,没有良心[①]。孔夫子的追随者们个个都重视并谨遵这条教诲,没有谁为推销员辩护过一句。因此,在中国从事推销这种职业有失体面。中国人认为推销员和叫卖的小贩没多大区别,但前者更需要警惕,因为他们的工作欺骗性更强,骗的钱也更多。组织中国推销员开一次员工大会是完全不可能的,人人都觉得丢脸,避不出席。许多受雇于外国公司的中国人会为"总会计师""出纳助理"或"服务经理"等头衔感到骄傲,他们更喜欢这些中的任何一个,而不是"销售经理"这样的头衔。实际上,中文里没有类似于"销售经理"的说法,万不得已,就说成"业务经理"。

如果某位工业大亨的确能凑齐一拨中国人,培训他们熟练地掌握推销的理论知识,那他就会像某首流行歌曲里唱的那个小伙子一样,穿戴整齐,无处可去。准确说来,他将花费大笔开销养着一群穿戴整齐、无处可去的年轻人,因为在中国,陌生人在

---

① 《论语·学而》第三则:"子曰:'巧言令色,鲜矣仁。'"

商务和社交环境中都不受欢迎。挨家挨户兜售的人，可能还没开讲，就已经被打败了。中国仆人将保护男女主人免受陌生人侵扰视为己任，他假定来者不善。要想通过看门人这一关，就要清楚说明来意，可一听到是来卖东西的，仆人就更加确信来者不善。除此之外，他也十分清楚，家里不缺这样东西，于是他会立刻说不需要，省却推销员一番口舌。接下来他关上大门，面谈就此结束，一样东西都没买，也不鼓励推销员下次再来。

大商店的经理办公室和其他某些公司营业部的大门，虽不像宅门那样严加防范，但无论是偷偷溜进去还是通过行贿的方式进去，都要耗费推销员大把时间，而这么做根本就不值得。办公室的门和家门一样，只向朋友敞开，对陌生人紧闭，主人或经理的助手也会保护雇主免遭骚扰，就像家仆保卫家门那样。一个中国人想要进入另一个陌生中国人的办公室很难，无论做的是哪个行当——除非通过两人共同朋友的介绍。就算有陌生人的确进去了，做成买卖的希望也十分渺茫。进门对外国人来说或许并不难，但他可能依然会碰壁，因为他面前还有隐形的障碍。许多初到中国的外国人可能都遇到过此类情形：打一通电话，在某家中国商号待了几个小时，试图敲定一笔生意，最后却发现含糊其词的对谈者只是一个有权参与谈判却无权做决定的小助理，他在那里只是替上司应付一下。但作为推销员和顾客的双方一经共同好友介绍，整个氛围立刻就不一样了。猜忌烟消云散，双方直奔交易细节，那种轻松和安全感，就像合作了十年的伙伴一样。

很少有外国人会意识到交情在中国商务交往中所扮演的重要角色——哪怕是在中国居住的外国人。一个中国人，最想和自家人做生意，其次是和朋友，只要有可能，他会坚决避开陌生人。如果两个陌生人要缔结商务协议，必须有一位共同的朋友担任中间人，以组织协商及调和不同意见，并在协议敲定后担任双方的连带保证人，主动为合同的执行和款项结算负责。我不认识的中国人，一定会在我俩的共同朋友的陪伴下前来谈生意，朋友会介绍他，并参与协商，这一点几乎毫无悬念。有时，我们的朋友圈并无交集，那就需要通过朋友的朋友来搭建桥梁，这更复杂一点，但初衷并无二致。如果我需要和自己不认识的中国人谈事情，我也会这么做。两人是否听过对方的名声并不重要，确立友好关系必须走老路子。从很多方面来说，这是美好而高效的优良传统。商务关系即刻在相互信任的基础上建立起来，后续阶段若是出现问题，也有中间人帮忙摆平。如果你是销售商而非买家，在某一方面会处于劣势：他们会要求便宜一点，来看看你够不够朋友。但聪明商人都知道这种要求在所难免，会对"初次询价"有所准备。不过，这种只和朋友做生意的习惯不适合高压或大规模销售，因为如此推广，推销员客户的多少完全取决于能找到多少共同朋友。这会使销售过程变得无比复杂，不切实际。

数日前，我收到了一张二十美元邮政汇款，来自遥远的甘肃，是一位零售商寄来的，附信说明，这些钱用于采购我们广告中宣传的那种香皂，请我寄给他。不出一个月，我又收到了几个类似的请求，现在我再也不会因为收到陌生人的汇款而感到惊讶了，我没听过他们，他们可能也没听过我。甘肃零售商这个案例非常典型。他看到了我们一则广告，有意代销这种香皂。但他不认识制造商，于是就给报社的出版商朋友打电话，请求介绍。出版商也不认识制造商,因为他的广告业务都是直接跟我联系的。于是他介绍那位零售商联系我,我又将他介绍给制造商。朋友的朋友在相隔上千英里的甘肃和上海之间架起了一座桥梁,让小零售商和英国最大的香皂制造商得以确立商务关系。如果生意做大了,这家资产以百万英镑计的英国公司定会邀我做他们的担保人。我曾几次为世界知名的英美公司作保,如果他们落到无法履行义务的地步,我就需要代为履行;但这种话我没跟这些公司说,否则他们会不高兴的。

当然,也有很多中国人的日常工作的确需要尽可能多地接到每日订单,他们有些人做得非常成功,但这与推销能力无关,主要取决于他们同特定品类经销商的友谊和关系。在其他国家,有一个理论很流行:推销员的销售量取决于他能够登门拜访多少个地方。如果一天拜访十处带来的销量为 x,那么一天拜访二十处带来的销量就是 $2x$。这是销售经理们最喜欢的理论,他们几乎可以向任何一个人证明其正确性,只是无法让某些需要亲自登门的销售员信服。在中国,销售人员登门拜访的次数不见得会被记录下来,他也无须在任何报告中提及。他通常每天只登门拜访一处——茶楼,那里类似于非正式俱乐部,聚集着对他手中货物品类感兴趣的销售商。他无须担心路途炎热,无须担心样品的重量,因为他会坐黄包车去茶楼,即便携带样品,它们也只是堆在桌子底下,任凭他喝茶,嗑瓜子,与弟兄们闲聊市场状况。但他的销售额,完全取决于他有多少朋友、熟人和亲戚。当然,他必须对自己代理的商品有所了解,但他的兴旺发达与推销能力无关。他或许是中国最成功的五金推销员,但改行卖香皂或手帕，可能就会因为自己在那些行当没有熟人而被活活饿死。

坐上黄包车去茶楼

读到这里，或许有很多出口经理要站出来理直气壮地指责我胡编乱造。为了证明自己的指控，他们只需指着自己短暂造访上海时创下的销售纪录就可以了。这些出口经理来华时自然有当地代理人陪同，一起拜访经销商，为了教会代理如何行事，他会尽可能多地签单。他发现把东西卖给经销商特别容易，离开上海时，他心满意足，因为自己不仅破了签单纪录，还向当地代理证明了他们可以大赚一笔，并手把手地教会了他如何操作——这是他中国之行的众多目标之一。当地代理却不会分享他的快乐和满足。如果我负责该产品的广告，我也不会开心。我们都知道，这么多订单全是看在面子的分上。倘若代理陪同出口经理拜访经销商却没有签单，那多没面子啊，对代理、出口经理、经销商来说都是。代理会觉得没面子，是因为他把自己的上司介绍过来，却没做成生意。出口经理会觉得没面子，是因为他大老远从纽约或伦敦跑来，却空手而归。经销商会觉得没面子，是因为他没签单——这说明他的生意还不够好。订单签下，皆大欢喜，各人的面子都保住了。但代理很清楚，最终成交是等不来的，无须多久，出口经理签下的这些回报丰厚的单子，就会由于种种缘故一个接一个地被取消或削减，实际交易额与他在美国办公室里坐等来的差不多。代理同样也明白，这种情况发生后，解释起来也是一言难尽。

正是由于这种将生意控制在家族和朋友圈之内的强烈渴望，某些行业被特定省份或地区的人垄断了。丝绸经销商差不多都是苏州人，茶商大部分是安徽人。售卖热水瓶和铝器等外国零碎物件的杂货铺主要由广东人把持，而他们同样也是中国大部分面包房的经营者。直至世纪之交[①]，票号执事山西人居多，文书代写员有不少来自绍兴。

我们曾应客户要求举办一次大规模的嚼口香糖广告活动，制造商觉得，或许能够把这种颇有特色的习惯教给全体中国人，所以我们对广告效果更是怀有异乎寻常的期待。根据制造商勾勒的计划，分销商负责在广告活动开始前先将这种口香糖送到每一家有望出售的上海商店，我们按兵不动，等他那边传来好消息再启动。报告终于来了，形势好得令人难以置信，他称九成有潜力的零售商都在卖。我们自己也做了一些调查，发现他报的数字是实际情况的两倍。我们还发现了一件有趣的事情：城里每家广东人

[①] 这里指的是1900年前后。——编者注

开的糖果店都在出售这种口香糖，然而出售这种口香糖的，也只有广东人的店。那位外国分销商的中国员工都是广东人，他们只打算把口香糖卖给自己老乡，懒得跟其他省份的人白费口舌，找老乡最省心了。

办公室勤杂工巩固自己的地位

第六章 找工作，保工作

出于种种原因，中国人喜欢去外国公司工作。总体来说，相比中国公司，外国公司薪酬更高，工作时长更短，假期名目不少，晋升空间也十分广阔。尽管将礼拜天作为休息日已不再是单纯的宗教传统，更是逐渐成为一种商务习惯，且上海许多中国银行和大公司也纷纷遵循，但这绝非普遍做法；超过十分之九的中国商号除了过年之外都不打烊，一天 10—12 小时的工作时长更是家常便饭。从另一方面来看，上海的外国公司每天有两小时午休，周六中午就打烊，还享有礼拜天、众多法定节假日以及两周暑假。据统计，外国公司一年的工作时长加起来1800小时不到，中国公司却超过3000小时。[1]但最诱人的并非工作时长。在中国公司，老板或经理的亲戚总是能优先得到提升，拿到更丰厚的奖金，而这类人又特别多，等他们捞完各种好处，其他员工就没什么机会了。在外国公司，擅长削铅笔、能够机智应付来电的小勤杂工都可以迎来晋升机遇，无须半点家庭背景。此外，很多人坚信，赚钱最多、最轻松的途径就是做外贸，有抱负的男孩子应该学习进出口贸易，尽管如今世事艰难，这个想法并没有多少事实依据来支撑。结果，上海的中国男孩个个都挤破脑袋想进外国公司，好比洛杉矶的美国男孩都想闯好莱坞一样。

英文读写和口语表达以及打字能力是进入外国公司的基本条件，上海每个有此打算的男孩都会尽早学会这几样。他并不指望依靠学校或课本学出漂亮的英文。就算能掌握这门语言，也是后话——通过反复试错的方法，只要想办法登上外国公司的工薪名单，就有机会得到公司的培养。最基本的语言门槛，不过是掌握能够给公司留下好印象的适量单词，他会尽可能走捷径，只学那些最实用的词语，先拿下这份渴求的工作再说。刚学会分辨、

---

[1] 上海英国商会（British Chamber of Commerce in Shanghai）有17种银行假日。一些公司夏季七八月份下午1点钟就打烊，所以他们每年的营业时长总共不超过1500小时。德国和日本公司工作时间较长，上述假期并非全部都有，但它们在外国公司中属于例外。上海的英国银行除了半天休息的周三之外，都是上午10点开门、中午关闭，下午2点再开、3点打烊，不计暑假，他们每年工作时长共计664小时。股票经纪人和证券经纪人也遵循同样的工作时间。

拼读字母表上的字母，他就会找一本二手英文书信手册[①]，这样武装一下，就可以用无比标准的英文来应付极其复杂的函件了。

中国的二手书店里无疑还能找到不少古老的维多利亚中期书信手册，从正式函件依旧散发的毕恭毕敬语气就能看出。尽管从当今的社交和商务要求来看，这些古旧的书信手册远不够用，但在那个时代完全足以应付，况且，它们似乎涵盖了生活方方面面或许会用到书信的场合。中国男孩最重视的是求职信，他们会仔仔细细地抄下"勤勉""忠实""正直"等复杂的英文词，最后高调写上老掉牙的结语：

"您顺从而忠实的（ob'd't and f'thf'l）仆人敬上。"

我猜他们中很多人可能都在想，什么叫"ob'd't"而"f'thf'l"的仆人，英汉词典里根本就找不到这两个词。

有时他们也会找错页面。据说，香港一位家有已婚女儿的坏脾气英国绅士，几年前收到了一封令他大为震惊的信，这封信的语调礼貌而坚决，告诉他必须改掉放荡的习性，才会获准照看落款人美丽的幼女。这位"落款人"是一名踌躇满志的中国男学生，满心期待从这位老绅士的公司谋求职位。但他抄错模板了。一定有许多年轻人通过写信这种权宜之计获取职位并发家致富了，这种做法定是久经考验。若非如此，就无法解释为何查阅电话簿找到名字和地址并抄下一封封信件的求职者多达数百人，通常，他们的字迹清晰可辨，毫无差错，真是令人吃惊——想想吧，书写者很多情况下并不明白所抄字句的意思。我猜我收到这

[①] 很多中国出版商出版了本土化的英文书信手册，含中文注释，讲解疑难段落，并就中国小伙该如何在外国雇主面前表现提出了实用的建议。

些信的概率大于史密斯（Smith）和琼斯（Jones）们，因为我的名字在电话用户列表中比较靠前，他们写给我的信件洋溢着初步尝试的热情。这些人可能找到了工作，也可能在循着列表继续写信的过程中放弃。

如果你愿意费点心思安排这些申请者面试，往往就会发现，这些行文流畅的写信人对自己的口语非常不自信，他会带一位朋友来帮他渡过难关。朋友会解释说申请者的英文理论知识非常完备，只是很少有机会对话，并推测说，一旦融入语言环境，学会你习惯的那种英语，他就能流利交谈，令你大吃一惊。你还会发现，求职者对自己能拿多少薪水漠不关心，他愿意从零报酬做起，以便雇主观察他的能力。如果他的确是个机灵小伙儿，那就更倾向于低薪而非高薪。他希望自己在工资单上看起来微不足道，让任何人都找不到辞退他的理由。他只是想先当学徒，了解外贸的奥秘——他愿意从削铅笔、传口信开始，步步为营，待日后负责电报解码或开具领事发票等工作，来获取更多尊严和高薪。他往往情愿几年之内只拿刚好可以糊口的薪水，也不会选择去另一个公司谋求更高的职位。很少有中国人愿意跳槽，除非万不得已，对他们所有人来说，工作稳定比高薪要重要得多。

尽管大家普遍相信这些求职信的威力，我却一直怀疑它们的效用。任何办公室一有职位空缺，在职员工那数不清的待业表亲堂亲、侄子或弟弟们立刻就冒出来了，似乎恰是对口人选。当然，倘若某位写信人有幸被外国经理约见，在面试中赢得好感，通过出纳批准，顺利入职，数月或几年后人们会突然发现，他实际上是出纳的弟弟、总会计师的侄子以及三四位职员的表亲或堂亲，此时，人人都会惊叹这种缘分，如此幸事乃上天安排，无须质疑。从另一方面来说，倘若经理的确钦点了一位其他员工都不认识的陌生人，且这名新员工来自远方，一个老乡也没有，不属于上文提及的巧合，但这种状况绝非幸事。这位孤独的员工可能会坚持一段时间，在经理的支持下赢得看似毫无悬念的留用机会，然而，他最终留下的概率依然小之又小。从表面来看，一切风平浪静，如果经理向其他员工询问新员工的表现，他们只会夸奖他挑来的人。但疏漏会不断出现：一封重要的信错过了时机，某张发票各项的总额统计错了，一包本该送往爪哇岛泗水的广告材料被送到了新加坡，日文版送进了中国报社。这些小疏忽的线索直指落单的孤独新员工。狼群步步紧逼，他毫无希望。

有些男孩很幸运，家境较好，父母有进步思想，他们无须在办公室里通过试错来学英文。他们被送进学校，痛苦地从语法学起，这对他们来说特别恶心，因为中文语法一节课就能教会——只需明白，中文根本就没有语法；没有不定式，也不必操心怎样分裂不定式。从前只有传教士开设英文学校，男孩们被训练出一口独特的福音派英语，伴随他们终身——无论他们往后从事的职业是否沾染罪恶。这往往是他们受过传教士影响的唯一证据。为什么虔诚的老传教士们会认为英文教出来的基督徒比中文教出来的更好，无从知晓。也许这些客居他乡的可怜人太孤独了，思乡情切，只想找个人聊聊天。近年来，中国多地建起了不少世俗的公立和私立学校；男孩们在这里学到的教科书式的英语，写出来能理解，说出来却像是另一种语言。

一次旅行中，我妻子和我在江苏走水路，某天傍晚将近，船屋抛锚后我们去散步,穿过一个风景如画的中国小村庄。我们很快就被一群要主动给我们当向导的小男孩围住了,我们常常就是如此走运。他们背着我们咯咯笑,觉得我们的样子古怪而滑稽。能在这样的小村庄里发现会讲英语的人可不寻常,所以当那个长得最俊、穿得最好的男孩从人群里出来开口说话时,我们大吃一惊。他说:

"早上好。你们从上海来?"

"早上好。"我答道,尽管已近傍晚,"我们从上海来。"我知道他下一个问题是什么,于是补了一句,"我们是美国人。"

"谢谢。"

该轮到我礼貌地发问了,我说:"这是你老家吗?"

"这是我老家。我学校是苏州[①],现在我放假了。"

对话流畅地持续了一刻钟。看见不同的东西,我们就说那是狗,那是猫,那是树,直到无话可讲。其他小男孩都瞪大眼睛,吃惊地发现某个自己人居然能用这种古怪而野蛮的腔调持续对话那么久。他们震惊得连笑我们都忘了。正当看似难以继续时,我们来到了一片操场,显然是一个篮球场。男孩们对此十分自豪,尽管他们大部分人年龄尚小,还不适合打篮球,却领着我们从一角走到另一角,欣赏代表这座小村庄进步与繁荣的地标。看见这些孩子对自己的学校如此自豪、满心喜悦,看见他们几年后就能享用的大操场,真是让人心里暖暖的,我妻子和我不禁侃侃而

[①] 原文即"My school is Soochow",后文提及男孩英文知识尚不够完善,此处应为作者记录男孩原话。男孩根据课本英语发挥,遣词造句或有误,或比较正式,译文中保留对应色彩。——译者注

谈，发出由衷的赞美。这下就连我们能切换语言的小向导都跟不上了，他在同伴们中的威望稍稍减弱。他足足两分钟无话可说，然后脸上露出一种认真的表情。他处于遣词造句的痛苦挣扎中。最后，他直视我的眼睛，从容地说：

"我喜欢尽情享受体育锻炼。"

这是他最复杂的语言成果了，他的同伴们狐疑地看着他，直到我妻子和我一起告诉他，我们也有同样的爱好。于是两种情谊便建立起来了——运动友谊和学术友谊。差不多是喝茶的时候了，我们一起去船屋，有12—15人。下午茶非常愉快，把船上存储的蛋糕和糖果一扫而空。男孩们离开时，小小发言人明白需要说点儿什么。有一句话在这种场合非常应景，但他想不起来。我们想帮他一把，却和他一样不敢轻易开口。我们也明白，他听懂的越少，丢的面子越多。走到跳板一半时，他想到了正确的辞令。他说：

"很高兴与你们相识。"

此刻，另一种纽带在我们之间产生了。那一刻我意识到，他们学校里美国人的影响一定不小。英国人可能的确真诚迫切地期望与你相识，这或许能让他牟利，能让他高兴，但他绝不会亲口告诉你他是否"高兴"，就连"有点儿高兴"都不会表露出来。依我看来，虽然这个学生的英文知识尚不够完善，却非常全面。

受雇之后，中国人就开始巩固自己的地位。如果他写了求职信，信中一定保证过自己无比勤勉、无比忠实，从我的雇员来看，他们的确几乎个个都是勤勉而忠实的。其他国家的员工或许止步于此，中国员工却以此为起点。中国员工或多或少认为这些美德只是基本素养，受雇后更是通过深入学习掌握各种办法来成为你的左膀右臂。最典型、最惊人的例子是贴身仆人，他们也遵循同一原则，但行动更为殷勤。尽管我在东方生活了四分之一个世纪，此间始终有一名或多名随时准备帮我系鞋带、穿拖鞋或点烟的贴身仆人守在近旁，但我从小到大都习惯自己动手，或者说，我觉得有手有脚自己可以做，生活在一个没有仆人的地方我也不会显得无助。但倘若现在我决定要自己换装、无须仆人帮忙，那就等着后悔吧。衬衫纽扣、领扣或袜子随即消失——它们没有丢失，只是被放在了我难以找到的地方。没找多久，我就会摇铃叫仆人过来。如果我顺着性子，径自走到冰柜拿瓶啤酒喝，这下很可能就要轮到开瓶器被仔细地藏起来了，我不得不再次摇铃。中国仆人不在乎你摇铃多少次。既然他的工作是照顾你，他就会开开心心地照顾你，无论你多么不讲理、多么爱找碴儿。他为你做得越多，他的地位越稳。你不摇铃、自己动手，才会让他担心。那会削减他对你的价值。

办公室雇员没有隐藏领扣或开瓶器的机会，但他会用更多、更重要的方式来证明自己是不可或缺的。我记得我读过几本关于成功学的书，某本中提出了一条睿智的建议，大概是说，攀登成功阶梯的方法之一，是教会手下如何开展你的工作，为自己步步高升铺平道路。我丢了两份工作才发现这是条歪理，中国人一眼就能看出它站不住脚。他们的理论是："朋友学会了就要抢饭碗。"雇员会竭尽所能地了解自己的特定职责，如果其他人学到了他的本事，只可能是偷学的。我还读过这样的提议，也可能是某位大老板告诉我的：办公记录必须力求完整，如此一来，若是有人遭遇不测——比如猝死或坐牢了——整个办公室的运转依然不受影响。这是我最钟情的理念之一，我花了很多时间向团队和个人推广这种理念，让员工牢记。他们都赞同说这个理论不错——对我来说很不错——并鼓励我将其落实到方方面面。但他们是不会被拉下水的。实际上，中国人心目中的办公室组织理念是这样的：办公室离开他就会陷入一片混乱，直至他回来摆平才能正常运转。结果，我可以离开办公室去度假，一切安好，甚至比我在岗的时候还要顺利，但倘若一名中国高管因病请假数日，我们就得派人去病榻前确认函件中需要讲明的细节。劝中国人去度假非常难，因为这意味着得让另一个人大量接触他的工作细节。他害怕等他回来发现有人已经取代了他，或对他的工作已经了如指掌，那样一来，他就不再是不可或缺的人了。出于同样的原因，聘用与老员工非亲非故的陌生人也是难上加难。如果出纳的工作担子太重，着实需要一位助理来分担，他会确保招来的新人是他的侄子、弟弟或其他某位野心能受亲缘关系约束的亲戚。

第一次世界大战刚结束，上海就来了许多奇怪的美国游客。他们是在战争中发家致富的新兴百万富翁，大多数人给我的印象是，他们好像在周游各国，考虑要不要把这个世界买下来。有位百万富翁在我的办公室待了很久，因为他也曾在广告业打拼，喜欢谈论老本行，当时我的公司刚刚启动，他给了我很多建议。他告诉我的众多要领之一是，广告公司的高效运营，有赖于"高度部门化"的实现。那时我的员工仅维持在十二名左右，其中还包括苦力，无法将他的建议付诸实践——部门数量已经超过了员工人数。但随着业务范围扩大，况且我发现员工无须多少激励就能勇创佳绩,我又开始考虑他的话。可我很快就发现,在中国,无须聘请专家就能自动实现部门化。雇佣足够多的人,任其自然发展就可以了,很快你就会发现,当一名勤杂工在给国内邮件贴邮票的时候,另一名则会被要求去计算海外函件邮资,粘贴相应的邮票,完成此类更精准、更重要的工作。由于人手有限,我们从未实现职能的高度部门化;但确认封邮时间始终是我们某一位员工的职责,其他人对此也绝不过问。

中国人自觉分工,不抢彼此的饭碗,尽可能制造更多的岗位,这一切是如何做到的,从一家商业美术工作室的分工可见一斑,这个例子非常有意思。在中国,有许多被用作广告画的彩色月份牌,外国公司之间的竞争十分激烈,各家都拼命做出最吸引人的月份牌。毫无疑问,图上必须有一个或多个漂亮女孩;有许多擅长绘制漂亮脸蛋的中国画家,他们画每张脸的报价都不低。可一旦画完脸,他就不再继续;体态则需另聘一位画家来完成。而第二位觉得自己也算个人物,不愿屈尊描绘背景的植物或树叶,故需再聘一位。按照惯例,画面最后还有一圈边框装饰,这便是第四位画家的工作。结果,月份牌广告画成品不仅拥有几种不同的质感,也显出几种不同的风格。这是一种根据技能级别形成的工会制度。

中国人融入大型公司组织并不容易。在小公司里,他觉得很自在,因为这或多或少接近于家庭运作,关系也是他所熟悉的。但身处一个拥有数百乃至数千名员工的组织之中,个体小齿轮就很难与大机轮契合,整体运营也难以维持。中国雇员会在我们这种个体创办的小公司里忠心耿耿,但大企业雇主对他来说只

在中国，我们总在请人画同一幅画

是个名字罢了，让他表忠心，他觉得完全不合逻辑。他不明白为什么要拼死拼活地为一群既不是朋友也不是亲戚的人创造利润。中国劳动力最早的大雇主是那些建造了棉纺厂和香烟厂、成立了船运公司、组建了大型煤油分销公司的外国人，他们至今依然还是大雇主。这些公司一家也没有对中国雇员的忠诚度产生严重依赖。中国员工不承担重要职位，每个人或多或少处于某个外国人的直接管辖之下。这些公司的确会尽其所能保证员工享有稳定的就业、合理的晋升机会以及丰厚的养老金。老牌公司的团队精神完全依靠这些才得以养成。能说自己供职于美孚石油公司（Standard Oil Co.）或怡和洋行（Jardine, Matheson and Co.）的中国人非常自豪，但这是他们多年来与这些公司公平交易的结果，新公司无法轻易复制。

中国人不会轻易屈服于规则或遵循他们眼中的虚假效忠行为，这一事实恰能解释为什么中国大公司少之又少，而存在的那些极少数大公司又始终面临人力问题，或许这也正是主要原因。实际上，除了少数半官方的大公司之外，中国并没有几家重要的上市公司，只有一些股份主要由族人把持的家族企业，而这些族人股东在公司也身居享受高薪的要职。此举能够保证管理层的相对和谐，但如此维持和谐需要牺牲团队质量，也容易出现效率低下的问题。王先生可能是股东，自然希望公司获得高额利润、产生令人满意的分红。但他本身也是雇员，他期待不确定的分红，同时也认为利用自己与组织的关系谋取私利没什么不妥。需要采购设备，何不从他小舅子掌管的代理行采购呢？况且他私底下还是合伙人。股份和他差不多的同辈亲戚，有八个儿子或侄子都是在职员工。王先生那边只有三个。怎么会差这么多呢？再出现职位空缺时，他就会提出让另一个无能却理应得到帮助的侄子加入公司，这个要求完全能够实现。这群侄子绝不会辞职，也没人敢解雇他们。结果，中国公司的员工名册成了家谱树——这棵树结不了果子，却还活着，因为根部始终都在从土壤里汲取养分，只是产不出利润的果实。

这些股东和高管会抓住从公司榨取间接利润的重大机遇，地位较低者则可摘取小而多汁的果子，在中国，没有果子会落到地里烂掉。在第一次世界大战之后的繁荣时期里，我们需要制作大量的广告海报和小册子等。我的账户从未如此活跃过。我们的客户支付给我们数千美元，而我们只需从中取出少量付给印厂，这种差额为我们赢取了高额利润。综合多方考虑，我们的印刷订单大多是与一位腼腆却勤恳的副经理签下的,他代理的是中国最大的印刷公司之一。才见几面,严先生①就跟我诉苦。他似乎是公司负责人中唯一与控股家族无关的人。他进公司多少是因为一件偶然的幸运事,但他确信,没过多久可能就会再发生一件偶然的倒霉事,让他被解雇。他觉得,他目前依然在职得益于我们的大笔订单。

　　有一天,我们通过支票向他的公司支付了一大笔巨款;很荣幸,是我签下这张支票的。我告诉他,很高兴把这些业务全都交给他,我猜他的佣金一定获得了喜人的增长,如果他担心的坏事真的发生了,他至少可以衣食无忧地找到下一份工作。他感谢我们照顾生意,却透露自己为了保住理想比例的佣金吃尽了苦头。在这个地方,每名员工都知道他所获的佣金,不仅如此,还知道我们签约的总额,与我们印刷环节稍有挂钩的人都要求分成。石印工、排字工、印刷工,皆需分一杯羹。如果他不与这些人分享,印务就会被耽搁,那样他就接不到新订单了。但他不敢向管理层投诉,如果他抱怨几句,工人们一定会知道的,我们的印刷会被进一步拖延,此外,他们可能还会雇人揍他。结果,他若是能留下自己所赚佣金的四分之一就已经很走运了。最糟糕的是,在我们的订单源源不断送来之前,他本有着一份足以维生的合理薪水。从理论上来说他的佣金是增加了,但到手的钞票却减少了,他现在的收入反倒不如从前。

---

① 此处为姓氏 Yen 的音译,也可能是"颜先生"或"阎先生"等。——译者注

谁也没见过如此精彩的爆竹表演

第七章　工作斗志和驱鬼记

　　写到这里的时候，我们家的苦力正在擦窗户。他可以任选一扇窗户来擦，但他擦的是走廊角落处那一扇，我每次抬头肯定能看到他。如果我出去散散步，他就会离开窗户，但绝不是偷懒——他好像被某个掌管精力的恶魔诅咒过似的，从早到晚忙个不停，有时能忙到深夜。我不在的时候，他会做其他工作——做一些需要隐秘进行的工作——比如去厨房抹地板。这件事他不能当众完成。等我回去，他又开始擦窗户了，或给那条走廊上今天早晨已经打扫得一尘不染的家具掸灰。如果他实在找不出我能看着他做的事情，就开始去劈引火柴。这项工作要在厨房小院的隐蔽空间里进行，但他总会劈得咔咔响，让我无须刻意留神就能听到。准确地说，整个街坊都能听到他的动静，都会明白克劳家可是有引火柴的，正在劈柴呢。

我早上出家门去办公室的时候，他会在大门口擦黄铜门把手。如果要举办一次门把手清洁大赛，我一定选他当冠军。房子里还有其他铜把手，但它们只有在固定的铜制品清洁日才会受到关照，应该是每周四。冬月里，他更是乐呵呵地忙活，因为客厅有两处壁炉，这为他提供了绝佳的机会，每隔一刻钟就有机会匆忙进出一次添炭火。我的烟灰缸曾是他辛勤劳动的见证者，每一截火柴梗的出现，都逃不出他敏锐的眼睛，他会迅速地将烟灰缸清理干净。正是这种频繁清空烟灰缸的举动，最终迫使我要求他别在我写作时进屋，所以后来他只好去擦窗户、掸家具或劈柴。

他不是新来的，也早已过了试用期，这并非是在努力制造好印象以求留用。他的工作十分稳定。他和我们在一起很久了，我们离开他就不能过活，他离开我们也不能过活，他和我们一样，对这一点心知肚明。他的祖先们普遍认为，体力劳动者的工作不可或缺；但他们发现，倘若在雇主能看到的地方辛勤劳动，工作就更容易拿下，主人家付钱的时候心里也更舒坦。既然工作终归是要完成的，何不当着众人的面完成，让大家见证自己的功劳呢？

每次客户来我办公室，一进门就能看出我们是否在运送广告材料；所有待寄包裹都堆在接待厅里。他还能看出我们是否在直接邮寄广告，因为广告单或宣传册也堆在柜台上。如果我们新近从伦敦或纽约收到了电铸版或字模，他同样能看见，因为箱子是半敞开的，有些东西随意地堆在顶部，以便各位来访者看清里面有些什么，让他们惊叹于我们所服务的重量级客户。这些活动的证据，从某种意义上来说是给我看的，但主要还是给客户看——证明我们的确很在行。若非特殊情况，我们绝不会对自己的活动遮遮掩掩。

我们寄送广告时，通常是每次一万份，分两批，上午寄一半，下午寄一半。我们其实很想一次性运走的，一卡车正好。以前我们就是这样安排的，可邮局工作人员抱怨我们把超负荷工作一次性地压到他们头上。从前我们开始每天寄一万份，力求扩大宣传范围时，他们还有一个抱怨理由。我们为什么要把这么多的工作量全部塞给一班分拣工，让另一班人无事可做呢？于是我们把每次的邮寄量减到五千份，这很让人失望，因为这个数量在任何人眼里都不算多，好像在暗示我们的生意做得还不够大。不过，我们依然会充分利用形势。我们等第二批准备好了再寄第一批，这样接待厅里总是堆得高高的。大清早或傍晚避开上下班高峰去邮局送货很方便，那时街上不拥堵；但我们更喜欢趁拥挤的时候运送。如果有大客户来见我，极有可能碰到苦力们迎着来客，吵吵嚷嚷地扛着往外运送的邮寄品，摇摇晃晃地朝门厅走去。他们到达底层时，恰好可以在通往临街大门的大厅里休息。这也让路人能瞧见：正当其他行业都在缓慢爬行时，我们的广告业依然充满健康与活力。

广告材料通常会被堆在黄包车上运往邮局，这是唯一能与远洋轮船装货媲美的大事。近旁的每一个人都想插手，要么动手帮忙，要么支招。他们都希望与欣欣向荣的活动挂钩。车夫不介意包裹堆得有多高，包裹堆得越高，他在其他黄包车中穿行的时候就喊得越响。听他的语气和派头，好像是在喊：

"让道！贵重物品！"

"让道！为大公司让道！"

几年前搬进新办公室的时候，我觉得这种变化制造了一个好机会，我终于可以将许多办公改革付诸实践了。这是我们第一次搬进装有货运电梯的办公楼，这一设备为我在公司训话提供了内容。我们现在要去新办公室了，那里配有现代设备，所以我们也应该与时俱进。我们应该放弃扛包裹爬楼梯的老传统，充分利用无须多交一分钱的电梯。我还告诉他们，我上次去纽约、伦敦、巴黎和柏林拜访广告公司，没有哪一家会在接待室堆放广告材料。那里的接待室都配备了漂亮的家具，铺着地毯，墙上挂着画作。我没在其中任何一家看到待寄邮包。我们应该跟他们学学。人人都觉得这是个好主意。然后我为接待厅采购了能让每家纽约公司都嫉妒不已的红木家具，在地上铺了油毡，墙上挂了贺加斯①的版画。我们还打理出一间储藏室，用于堆放邮件，其位置十分隐蔽，来访者根本都不会注意到。

我们的伟大改革就此止步。红木家具送来后，并不是经由货梯上来的，而是依次经过了这栋楼的入口和四段楼梯，苦力们每到一层都要放松而喧闹地歇息一阵。新家具的到来如此张扬，就差配上一支军乐队了。四层楼的租客都有机会欣赏这些桌椅，估

---

① William Hogarth（1697—1764），英国著名画家和艺术理论家。——译者注

摸它们的价格。光彩夺目的新接待室装完还不到一周，某天下午我就发现六位员工已经在那里在信封上填地址，给铅板打包了。我最终放弃了，如今我们的接待室和中国其他接待室差不多。访客依然能够发现我们所有活动的视觉证据。唯一能让我如愿以偿的办法是，准备一间极小的接待室，小到无人能进。不过，茶壶要放在桌上，电铸板得放在椅子上，这种底线我们还是讲定了。

打字机保养人员第一次来我们新办公室履行他们的每月职责时，一眼相中了接待室的红木桌，不由分说地把它当成了工作台。在场者似乎都毫无异议——因为我进去的时候，他们依然还在那里欢闹地工作。现在他们转移到大办公室去为打字机上油、做修理了，所有员工和苦力都在那边干活。出于我的怪癖，他们无法表现给接待室里的特别观众看，但被安排到全体员工都能听到、看到的地方，他们也非常满意。据我所知，这些保养人员技术非常好，打字机始终处于良好状态。此外，还有一件事我非常确定。其他城市有不少小广告公司打字机都比我们多，但每当我们的机器全员开足马力时，发出的响声绝对能盖过它们。

中国人喜欢热热闹闹地展示活跃度，往往也会保证活跃度得到充分的展示。让办公室看起来忙忙碌碌的，在他们眼里是要紧事，这是为全体工作人员长脸。如果办公室不够忙，他们就会想办法让它看起来很忙，甚至会做一些不必要的工作来实现这个目的。他们一点儿都不介意工作超时，如果能让不景气的小公司的职员们在五点下班时看到他们依然在埋头苦干，那就更好了。实际上，他们似乎还很享受偶尔加加班。每个月初，我们办公室都有做报表和开发票的额外工作。然而，我们上海办公室这边有两小时午休——这是从前帆船时代遗留下来的悠闲传统，那时仅当有船到港时才会忙碌起来。由于大部分员工的午饭都是从一家餐馆带到办公室来吃的，本可以饭后很轻松地就把额外的工作解决了。可他们才不会呢。他们读读报纸，跟其他办公室的朋友聊聊小道消息，下下棋，看看窗外风景，直到海关大钟提示两点到了，每个人都应该回去继续工作。等到五点，他们再留下来，加班几小时。他们会和朋友们夸口：

"我们公司可忙了。昨晚差不多忙到八点才走。"

我们曾为一个样品分发活动策划过连环促销信方案。该计划大获成功，传播迅速，以至于我们着手将其扑灭后的一个多月乃至更久的时日里，员工都还要加班加点拆信封、填写样品包裹收货地址。没有谁抱怨加班和额外的工作量，可很快我就从外面听到了一则奇特的消息，大概是说，房东要涨我们的租金，因为我们挑灯夜战，晚得不可理喻，太费电了。追根溯源后我发现，原来是我的员工和竞争对手的下属们吹牛了。

热热闹闹地、愉快地做出忙碌的表面工作，能为中国员工及其供职的公司带来自信。这种氛围是他们主动为自己创造的，但若想让他们在办公室里拥有十足的自信，他们还需确认，工作场所没有邪恶的影响力环绕。他们明白，这正如他们的祖先早在四十个世纪之前就明白的那样，在看似相同的环境中，某种行动有时能够带来成功，有时却会导致失败。其原因只有一个：必然是因为受到了恶意或善意魂灵的影响。几千年前，哲学家们思考了许多值得担忧的问题，他们得出了一个结论：改变命运，或无望，或艰难，但它们的影响力可以被测量和预知，人也可以据此调整自己的行动。于是他们探索出了一套复杂的系统，洞悉其中奥秘的大师就可以精确地计算出那些或施加帮助或带来阻力的运气要素。好运气和坏运气因子关涉人的每一种活动。办公室、宅子和日子皆分吉凶，就连下葬的日子也要仔细挑选。

我办公室的每一个人都觉得我们组织的环境属于吉相，这里不仅无人死亡，甚至无人染过大病。几年前，我们的一位俄国艺术家突然去世了，大家都很难过，尽管中国人普遍不喜欢俄国人，但这位艺术家却深受我们许多员工的喜爱。待他离世的悲痛稍稍缓解，我们详细讨论此事，最后大家一致认为，他才和我们共事几年，我们组织里并不存在致他死亡的邪恶影响力，我们的美好氛围未曾遭到破坏。我们对这个结论十分满意，但只敢关上门说，生怕向命运挑衅会招来坏事。实际上，我有点担心，在这里提及或许不妥。

我们幸运的还不仅仅是组织本身，办公区也是风水宝地。这不是吹嘘或猜测，我只是陈述事实而已，因为测量、判定和评估我们具有良好影响力的，是中国员工可以请到的最出色的天才。这是一位堪舆师，我猜，在有些国家他会被称为"超自然精神工程师"。我遇见他纯属偶然，他的工作本应是趁我不在的时候完成的，但他的职业非常特别，所以我想尽办法与他结识。尽管他所从事的职业很奇怪，他本人却并不奇怪。他是个中年人，穿戴整齐，外表和谈吐像极了高中老师。他带着罗盘和尺子，花了几个小时走遍我们新办公区的里里外外，但勘测完毕后，他给出了积极的判定。你可能觉得怎么看都是胡说八道，总之，我不会讲太多细节惹你烦，只说说关键点。我们大门正对着中国最大的银行。南面有一家美国银行，据推测形势大好，反方向是一栋英国地产公司的办公楼，这家公司兴旺发达。周围还有其他的良好影响力，如江面上大来洋行（Dollar Company）的船舶以及附近的英国总领事馆（British Consulate），但拥有巨额资产的那两家银行以及英国地产公司，足以提供令人满意的繁荣气场。他挪动了几张桌子，为我的那张花了不少心思，因为它的摆放位置十分棘手。若将我的办公桌摆在最佳位置，我就需要对窗办公，这对我这种眼睛不好的人来说显然不太实际，于是他想出了另一种折中的办法——让桌子呈东西向摆放。如此一来，它与墙体形成的角度十分别扭，但这与风水比起来绝对是小事。

没过几个月，我们就预感，我们可能需要尽可能多的良性影响力相助——无情的霍乱流行起来，目之所及世事艰难。上海房地产的泡沫经济崩塌了，当地股票市值跌到了原先的几分之一，银行要求迅速还贷，拒绝发放新贷款，我们的主要商业街南京路，在我记忆中头一次出现了空店面。任何人此时都可能会慌张，有人趁机钻空子。城里每个俱乐部都失去了大批会员，因为他们没钱付账，就连上海总会（Shanghai Club）酒吧的收入都减少了，这是英美社群遭遇重击的明证。我时常觉得自己的办公室是全城最欢快的地方。没有什么能够浇灭我中国员工的信心，他们坚信，命中不幸的公司或许是会破产，但围绕我们的幸运光环十分强大，没什么能动得了我们。怪得很，事实的确如此。在过去几年中，上海有极少数公司赚了大钱，我们不是其中之一，但我们没什么好抱怨的。我们收回了本以为不得不一笔勾销的账款，我们所有的客户都继续在我们这里做广告，还有几个意料之外的新客户主动找上门来，愉快地建立了合作关系。

经济萧条导致酒吧进账减少

我很少细看我们资产负债表上的各项盈亏，但有一次我偶然发现，有种无形资产被称为"商业信誉"。根据我的理解，这是尝试着用中国货币来评估我们的声誉价值，这种价值来自诚实和效率以及我们客户因此而产生的信心。该项目实乃恭维，但如果审计员允许让我自己选，我会用洋泾浜英文词"joss"[①]来替换"商业信誉"。这个词能够代表我中国员工的信心——无论发生什么，我们都不会遭遇厄运，没什么好担心的，我们肯定能付得起租金、发得出工资。

---

① 命数，运气。——译者注

上海经济萧条数月之后，我有理由，或说我觉得我有理由，为我们周围的这些良好的风水的影响力感到担忧。东边那家中国大银行搬到了几个街区之外的临时办公点，他们的老楼被推倒了。北边的英国地产大公司在苦难的岁月里倒下了，且无力偿还债券利息。南边的美国银行倒下的方式很不光彩，行长和总经理被送进了监狱。英国总领事馆继续运转，大来洋行的船只依然定期出现在江面，但这些只是风水大师口中居于次要地位的影响力。在我看来，不妨把这种命数当作彻底损失和之前的相抵消。我以为中国员工会开始变得沮丧，可他们依然欢快。风水是一门微妙而复杂的科学，我并没有深入实践，对它的了解也只是皮毛。原先围绕着我们的那些良好影响力的消失对我们似乎毫无影响。为何如此，我也不懂，但这的确叫人心里踏实。

讲究风水布局的办公室不止我们一家，但我是极少数愿意承认的。大部分外国人都会嘲笑这种事情，而任何一个中国人都容不得嘲笑，所以中国助理和同事不会向他多解释什么，但在摆放自己和他的桌椅时，他们会尽量挡住邪恶影响力，辅助良好影响力发挥。一位英国老邻居告诉我，十五年来他一直在用一间采光和通风都很差的办公室，因为他的中国员工认为那里有"好运气"。他的持久繁荣似乎证明了这一点，所以他再也不调侃了，至少是信了一半。许多生意兴隆的老公司多年来都在使用拥挤不堪的办公室，直到近年来老楼随着房地产发展被推倒，他们被迫搬离。此前，每当有人提议搬迁，中国员工们都会坚决抵制，于是老板只好作罢。

一天，有位村长前来拜访我们，他的村子在上海10—12英里开外。他对自己的来意感到十分抱歉，但此事的确非同小可。他来访前一年，我们在村子附近竖起了一块硕大的香烟广告牌，从此之后好像厄运就源源不断地涌向村庄了。庄稼歉收，患病者异常得多，还有数人死亡。村里的老人不知道喝了多少壶茶来讨论此事，最后请了一位高明的风水先生来提供专业的意见。他对整个地形做了全面的勘察，得出的结论是，我们的香烟广告牌是恶鬼聚会之地，它们在那里聚集，然后俯冲下来对村庄发动突袭。老人家们不想砸我的饭碗，村长来访的目的，是询问我们愿为驱鬼做出怎样的合理补偿。

有不少人因为此类外交问题来到我的办公室，事情通常还没等我知道就已经被解决了。中国人会说，他们不希望让我为这种小事操心，但实际上是因为他们觉得，我是外国人，肯定不知道怎样圆通地处理此类问题，会把事情搞砸。我得知这位村长的来访纯属偶然，随后自告奋勇参与协商。形势十分复杂。所有人都同意，这个村子的抱怨是有道理的。我们非常乐意拆除招惹麻烦的广告牌，无须他们支付任何费用，但那块牌子是打给我们一位高尔夫客户看的，他每次开往高尔夫球场的途中就能看见。实际上，那个位置是他钦点的，因此这块牌子在他眼中的价值比实际价值要高得多。如果我们拆除牌子，就需要设法向他解释。他来中国的时间不长，对恶鬼的凶险一无所知。更糟的是，他最后可能还是会在那里竖起其他公司的牌子，我们失去这笔生意，村庄也无法好转。

于是我提出了一个得到众人赞赏的提议。既然这是恶鬼聚集之所，何不燃放大量鞭炮把恶鬼吓走？村长觉得这个主意很不错，但他为人谨慎，坚持称还是应该先征求专业顾问的意见——需请教那位风水先生。后者也觉得这是个好主意，但严谨地建议我们差不多每年都放一次炮。恶鬼以后或许会鼓起勇气卷土重来。同时，他还算出了燃放爆竹的吉日——人人都希望挑选恶鬼倒霉的那一天。据计算，十美元的鞭炮足够了，但既然这是我的第一次驱鬼，当然不想搞砸，于是我花了两倍的钞票。二十美元能买到数量惊人的鞭炮。我的一些员工负责执行，但我因无法脱身，所以错过了一场精彩的表演。

所有村民都出来了，邻村一些居民也来了。他们绝大多数人都从未见过如此壮观的鞭炮表演，对我的奢侈也是大为震惊。鞭炮震天响，肯定能把恶鬼吓到另一个县去。无论如何，它们后来再也没回来，因为这个小村子繁荣发展，再也没有来跟我们抱怨。村长每年都送茶叶给我，直到那块牌子被拆除。我们的高尔夫客户放弃高尔夫，改玩帆船了，所以他对这个位置也没兴趣了，没有续签广告。我常想，我新英格兰的祖辈们居然不知道放鞭炮的功效，这真是太遗憾了。几美元的鞭炮就能把所有妖魔鬼怪赶出塞勒姆①，根本不必烧死女巫。

几年前回国时我不由得注意到，从白宫（White House）到其他建筑物，美国没几栋楼在修建的时候考虑到了抵御恶鬼以及优化风水的问题。除了宝塔，没什么能镇得住白宫草坪周围的邪恶影响力，总统办公室的位置，简直就是在向恶鬼发邀请函。白金汉宫（Buckingham Palace）略好，至少大门口有纪念碑，但

---

① 美国马萨诸塞州城镇，曾发生诬告迫害数百人的"女巫审判案"，美国剧作家阿瑟·米勒的《塞勒姆的女巫》即以此为题材。——译者注

圣詹姆斯公园（St. James's Park）内应该有一条流动的小溪，附近建一座宝塔自有极大的价值。要是某些中国朋友们得知我匹兹堡和圣路易斯的妹妹任由我可爱的小外甥、外甥女暴露在或有恶鬼游荡的街区中，他们该是会多么地惊恐万状。实际上，站在中国人的角度来看，不受约束的、随时可以飘进任何一个美国家庭中的恶鬼比歹徒更危险，它们必然也是经济大萧条的祸根。从风水学来看，纽约客（New Yorker）酒店的线条走向在新建筑中还算可以，但帝国大厦（Empire State Building）的建筑结构就十分令人担忧了。任何一个头脑清醒的中国人都不会愿意在这座大厦高层区域办公的。

炮火密集，我们无法回到汽车里

第八章　凛遵！

当中国还是君主制国家时，几乎所有的官方命令皆以"圣旨"的形式呈现，要么是皇帝直接下令，要么是下级官员经天子授权代为发布。每日签发的官文所涉事务繁多，既可能是命令某位总督进贡几百万元组建军队、保卫国家抵御外来入侵这种大事，也可能是要求某位村长修复大坝或疏浚水渠这类零碎小事。这些命令行文冗长，让人看了之后不禁会想，威严的天子哪儿来那么多时间为这些劳神。官文命令往往会包含具体指示，说明某项任务该如何完成，细节包裹在优美却模糊的文笔之中，但执行结果绝对是不容领命官员置疑的。无论关乎何种事宜，文末几乎无一例外地发出"凛遵"①等告诫。倘若事关紧要，则会进一步警告："毋违！"②

在西方人看来，这两个词组连用似乎不符合逻辑。按理说，任何一个接到官文后毕恭毕敬遵命的官员都不会试图逃避责任。事实却不见得如此。中国古代多少个世纪以前就将这种套话放进官文的政客，深谙自己同胞的弱点和习性。仅当需要服从的事情伴随着温和的免责自由，他的同胞才会觉得是愉快的。他可能会毕恭毕敬、谨遵命令，但倘若所承担的工作被搞砸了，或无望完成，他就会说，自己的确是遵照指令去做的，失败怪不得他。正是为了避免受命者的这一心理，官文起草者才使用了这种复杂的双重命令。用简洁明了的语言来说，天子想传达的旨意是：

"快动手！好好干！没有借口！"

我日常工作的一部分就是参加大量的销售和广告会议。我在纽约、伦敦、巴黎、柏林参加过无数会议，更别提大阪了，我在其中扮演着重要角色，有时发言也十分活跃，我觉得我有资格说，尽管会议是必要制度，开完之后却难免会想，耗费的口舌和香烟与达成的结果数量相当。广告会议和委员大会一样，都有一种逼迫个体思维迎合所有人的趋势。与会者越多，越难达成一致，若是牵扯到的人属于不同的国籍，耗费的香烟和口舌更是会

---

① 原文为"tremble and obey"，直译应为"颤抖而遵命"。此处以当年常用的对应性较强的书面语形式译出。——译者注
② 原文为"do not try to avoid responsibility"，直译应为"别企图逃避责任"。此处以当年常用的对应性较强的书面语形式译出。——译者注

大幅增加,进程却无法加速,结果也迟迟不出。

倘若会议是在中国召开,且与会者多半是中国人,大多数情况下,耗费的口舌只会更多,达成的结果只会更少。实际上,如果指望稍有结果,都需要仔细地引导,圆通地把控。我参与的会议,十分之九皆由两方组成:一位希望提高自己商品销量的外国制造商,以及一位协助他大力推广的外国广告代理(我本人)。我们会仔细探讨,尽快推进,中国人只是听,什么都不说,甚至可能根本都没在听。接下来进入令我们深感困惑的话题,困惑是因为我们担心自己对中国人的心理、品味以及其他在华销售相关问题的了解都不够透彻。很多时候,我们只是陷入了自卑的情结,因为从旁观者的视角出发,具备一定观察力和智力的在华居住多年的外国人,对中国人的了解甚至会多于中国人自己。这并非贬低中国人的心智。打个比方,假若我想了解拉脱维亚人的心理,我更倾向于询问一个曾在那个小国居住的美国人,而不是询问拉脱维亚本地人。实际上,向任何一个国家的本土居民询问他们同胞的口味和心理,就像询问一棵橙树,香橙花闻起来怎么样。这棵树当然不知道,因为它没比较对象。

无论如何,我们对自己个人或共有的知识与观点都不是特别自信,所以我们会向中国同事求助。请他们引我们走上正轨、避开雷区,应该是非常容易的。只要是咨询某些不太重要的小细节,他们都会如实相告,态度真诚。如果我们已经决定了计划的要点,只是希望在执行前请他们加以确认,也会收获他们的热烈赞成。若不是我们这些中国通屡次因为想当然而遭遇失望,肯定会不假思索地开始沾沾自喜。但我们自有心机,不相信这种异口同声的赞同，我们会变换角度继续讨论，最终就意见风向得出自己的结论。我们明白，就算有人真心认为计划不切实际，也不会失礼地说出来。但倘若你给他足够多的时间，他可能会通过某种拐弯抹角的方式将他的想法传递给你，这样每个人的面子都能保住。

有时我们涉及的问题是，做"这件事"还是"那件事"，面临这样决定性的问题，中国与会者无疑会本能地回避。他们会顾左右而言他，希望发生点什么让会议被迫中止，只要能让他们躲开，避免被迫做出非此即彼的决定就好。至于这件事该怎么做，每个人可能都有自己的想法。张先生本人也许十分清楚这种政策没错，但他会犹豫，要不要公开站出来，热情地赞成这条路子，倘若今后失败了，承担责任的可就是他了。其他人也都是这么想的。每个人都躲躲闪闪，不愿负责，但他们依然会不停说话，会议就这样一直拖下去。为了加快进程，制造商和我开始针锋相对，唇枪舌剑。最后终于有人小心翼翼地提出一个想法，但他措辞留有余地，如果处境不妙也能全身而退。有人会再提一个同样无比谨慎的建议。王先生和张先生的想法可能是一致的，林先生也说了点什么对他们表示赞成。个人责任的怪兽就此被驱除出境。关于如何行事，我们全体达成一致，接下来就可以满腔热情地规划细节了。

当然，中国人在销售和广告会议上处于劣势。他们不会用推销的思路来看问题，业内人士也不例外。他们总是具体问题具体解决，让他们脱离自己所处的环境，想象在一百英里开外的城市如何销售，对他们来说是不可能的。他们对数据感到厌烦，以至于到了生恨的地步。如果数字证明他们是对的，那么统计完全是多此一举；如果数字证明他们是错的，他们可不希望出现这种情况。中国人会根据直觉或个人喜好得出结论，尤其是涉及销售或广告方案这种效果无法预测的事情。他可能清楚自己八成没想错，但让他站起来说自己的理由，他就会感到不安，因为这个问题他没有考虑过。一旦必须要给理由，他就会想方设法制造一些，但他极度紧张，支支吾吾，于是在这种状态中就会讲出特别荒唐的理由。日本人也遵循类似的思维过程，唯一的区别在于，在将这种心理运用于当代问题时，日本人更老谋深算。日本今天的外交手腕就有无数例证。统治这个国家的军国主义者决定他们想做什么，将其付诸实践，外交家的分工则是让已做之事合理化，对其所作所为进行辩解。归根结底又要回到因果关系这个老说法，但在日本有一点与众不同：日本外交会颠倒顺序，还没等人深究原因，结果就已经实现了。这也就是为什么日本的外交手段会让遵循逻辑思维的人感到担忧。

在华生活的每一个外国人差不多每天都会因为他接触到的中国人而气恼，在他眼里，这些中国人似乎患有不可原谅的拖延症。除非十万火急，几乎不可能让任何一个中国人迅速完成一件事。他们的首要行为准则似乎是："能拖到明天或后天的，今天绝不动手。"这并非懒人哲学，因为无论批判者怎么议论，没人可以说中国人懒。在我看来，这只是他们在小心回避责任而已。他们知道被分配到的任何任务都存在失败的可能，因此需要在承担之前找到一个合情合理的借口，以应对不时之需。我的理论或许有误，但依我的经验，无论一个中国人酿成了多么愚蠢的大错，无论他的失败是多么的不光彩，他都能给出天衣无缝的借口。话又说回来,一想到那个酿成愚蠢大错的头脑和自圆其说的竟然是同一个,我就会惊叹不已。正是由于中国人对承担责任比较反感,才使得许多外国人有机会在华受雇,来做中国人自己能做却不愿做的事情——因为他们缺乏做决定的勇气。在上海的任何一家商号,中国人都十分愿意落实各项工作,实际上他们会坚持身体力行,但要求外国人必须做决定、承担责任,再小的事情也是如此。在没有外国雇员的中国大公司,几乎不存在决定重大事务的个体,决策皆由集体做出。当然也有例外,这正是极少数愿意承担责任的中国人往往会迅速获得职业成功的原因。

中国人始终会严格地区分抽象真实和具象真实,即,关于事实和数据的真实,以及关于观念和意见的真实。如果你问他有多少批货物运出去了、某种商品多少钱,以及其他能够在算盘上算出来、能够具体到数字的问题,你可以相信他的回答,不仅真实,而且准确——后者更是可贵。但如果你问他一个抽象的问题,比如,关于某样东西在中国能否大卖,或某个老牌子的包装是否应该更换,这种真实就很难得到了。他对与自己实际利益无关的理论问题没有固定或成熟的看法,要求他就与己无关或他本人无须担责的事情做出决定或发表意见,在他看来就是侵犯个人权利。于是被问及此类问题时,他最关心的就是怎样给你一个他认为会让你高兴的答案,赶紧让这件事过去。避开争论,最保险的途径就是表示赞同。我敢说,如果英国教育代表团问一万名中国小男孩,若是有机会去海外读书,他们最想去哪个地方,回答百分之百是英国,除非孩子傻得连他的国别也弄错了。倘若美国、法国、德国或其他国家乃至日本的教育代表团来问，回答思路也会如出一辙。报出其他国家就会显得非常不礼貌，会惹麻烦。

和其他许多国家的人一样，中国人也比较反感剧烈的心理活动，他们的思维习惯是回避问题，并尽可能延迟决定。正是出于这个原因，我们这些不得不与他们打交道的外国人总是抱怨他们缺乏主动性。这种批评是有道理的，当且仅当被逼入复杂而绝望的困境，中国人才会急中生智。这时他就会发挥主动性，展现令人惊叹的智谋。他和英国人一样，解决问题之前往往并无详细规划，因此，他的决策都是以过去式说出来的。

大约十年前的某个星期天，我陪同两位游客女士去看中国战场是什么样的。两支军阀队伍在三十英里开外的长江岸边宣泄着对彼此的仇恨，几位前去观战的朋友说，其惊心动魄程度超乎往常。我们开车穿过饱经战火的乡间，那里惊恐的人们正在逃生，我们刚在一处舒适安全的地方停下来，进攻军队就决定连发掩护炮火调虎离山。火力网拦在我们和汽车之间，子弹近在眼前，我们不得不拼命跑过泥泞的公路撤离，在此过程中还需尽可能照顾穿高跟鞋的女士们。一枚弹壳落在附近一滩脏水里，溅起大水花，把我的一位游客惹恼了，因为她的裙子沾上了泥巴点。一位老农试图说服我们去他的茅舍避一避。我们在转角处看到一个小女孩的尸体，她几分钟之前刚刚死去。我们已经看到了所有我们想看的战争，本以为的远足变成了一场惊心动魄的逃生，这下我们都只想躲得远远的。由于炮火持续不断，我们跋涉了几英里。夜幕降临，正当女士们魂飞魄散时，我们遇到了一位英国军事观察员，他捎我们回城。他说掩护炮火的效果达到了，接下来将会有一场进攻,他认为,天一亮,防御者就会尽快撤退。他觉得我的司机很可能死了,因为我们停车的地方发生了十分激烈的交火。至于那辆车,必然会,或必将会,被撤退的军队收走。

次日清晨吃早餐时,司机把车开进院子里。我们盯着对方,那表情一定很傻,因为我们本来都以为对方死定了。事情是这样的:当掩护炮火妨碍我们返回车子时,他冒着枪林弹雨找了我几个小时,直到确信我必死无疑——我鲁莽地前去观战,送命也是理所应当。他请一些士兵帮忙找,但士兵有自己的事情要忙。等到看起来毫无希望了,他只想尽快赶回上海告诉我的朋友们,这样尸体还有机会找到,能好好安葬。两位女士的遭遇如何,他毫不关心。

我实在无法想象他是怎么把车开回来的,但他说,那再简单不过了。天一大亮,他最后又搜索了一次,然后就将几名受伤的士兵塞进车里往上海开。每次被盘问,他就解释说自己是给公家开救护车的,所以一路畅通无阻。过了最后一道哨卡,他立即将伤员放到路边——有人能在那里发现他们——随后就飞快往我家开。车上有三个弹孔,在接下来的几周里,他一有空就向朋友们展示这辆车,等我把车修好、补上弹孔,他倒是有些失望。随后,我听到了办公室里的传闻,说他向伤员每人收了一块钱。

每年中国都会有些地方激起某种强烈的情感,让外国进口商或制造商忧心忡忡,因为这种浪潮的目标是抵制外货、砸外国人的饭碗,平均一年一次。有时,这些运动直指某个国家,日本在这方面长期以来备受关注。由于日本军国主义者的一举一动都在为中国人民的仇恨火上浇油,抵制日货的活动从未间断,但抵制其他国家的活动都只是零星的、区域性的，通常仅限于特定门类的商品。很多情况下，这些都是由受洋货严重冲击的中国制造商发起的，他们认为这是最为有效的自救方式。他们自己其实很少能够从中获利，虽然煽动群众情绪并让众人对外国竞争者制造的品牌充满仇恨很容易，但将这些群众变成另一个品牌的顾客却是两码事。这些运动通常会闹出很大的动静，但我们"中国通"却不把它们当回事儿，我们见过太多不了了之的。我个人认为，大部分抵制运动最终都会平息——除了年复一年以可耻行径和侵略加深中国人民仇恨的日本。一个中国人，和其他国家的绝大多数人一样是理智的，不会因为劣质或高价产品恰是同胞生产的就去购买。他可能本已下定决心，但真正货比三家的时候，这种决心就动摇了。实际上，针对这个问题，我们可以说中国有两种广告学派。一些人认为，在广告中称一件物品是"中国制造"的，就可以满足人们的爱国主义情怀；还有人却坚持说，最好称"英国制造"，暗示商品更胜一筹。鉴于广告客户们多半比较胆怯，且几乎和中国人一样厌恶就争议问题表态，他们大部分人在这一点上坚持沉默是金的原则。

如果有一群头脑发热的年轻人动手抵制洋货、推广国货，他们最先想到的事情之一就是一举捣毁全城的广告牌。这听起来像是切实可行的壮举，但如果广告牌是正规搭建的，且散落在城中各个战略要地——本来也理应如此，这项工程就不容易了。即便巡捕不加干预，这些爱国青年最多也只能砸毁一小部分；很快他们就会筋疲力尽，停止行动，回家睡觉。我们好几个城市的户外广告都曾多次遭遇被毁的威胁，次数多到数不清，但并没有真正严重的事情发生。

1925年,宁波的排外情绪沸腾起来,从某种层面上来说,我们也是导火索。我们代理广告的一家美国香烟在中国积累了可观的销量,中国竞争对手受到影响,抵制外国烟的运动就这么开始了。该运动在一次群众集会中达到高潮,很多人发表了激情洋溢的演讲,众人决定,立即中止会议,动手捣毁广告牌。我们的宁波经理就参与了此次集会,还发表了演讲。他之前没看到议

我们宁波的经理发表了一番演讲

程,因此陷入了一场严重的误会。他只知道集会目的是抵制香烟,但他万万没想到针对的是我们所代理的品牌。此前有许多次针对某家英国大竞争对手香烟的活动,他以为这仍然是反对英货运动。那时美国烟在中国的市场份额非常小,连消费者都不怎么注意它们,发动针对它们的抵制运动显然是小题大做。

直到集会将近结束，我们的宁波经理才发现，要捣毁的是我们自己品牌的广告。形势如此尴尬，就连圆滑的外交家都会感到棘手，无论是带着尊严解决，还是颜面尽失，都很难全身而退。可我们的人又发表了一次演讲，这似乎让情况更糟了。他没有收回自己之前所说的话，反而还补充了几点，并提出了切实可行的建议。他说他承认自己供职于竖起这些肇事广告牌的外国公司。他被迫无奈，完全是为了谋生计，但现在他迫切希望加入捣毁广告牌的行动，将功补过。他提供了专家级建议，指出趁深夜行动捣毁几百块广告牌困难重重。他毫不吝啬地夸大了广告牌的数量。他指出，要想找齐这些广告牌，本不是件容易的事，况且，倘若他们在死寂的夜色中开工，大家都在睡觉，居民会向巡捕投诉，会带来更多麻烦。他建议大家晚上忙完后都先回家，破晓时分再起床捣毁广告牌。他称将与众人碰面，提供广告牌分布清单，并监督这项工作顺利完成；在他的帮助下，他们一定能将广告牌彻底捣毁。

该说的已经说得差不多了，大家都赞同他的提议，众人又听了一会儿演讲就各回各家了。中国人不喜穷奢极欲，每天总是早起早睡，第二天早上破晓时分，狂热者来了一大波，他们带着各种用于破坏的工具，准备投入到捣毁我们广告牌的艰巨战斗中。他们没等到我们的宁波经理，于是就自己动手了。他们走了几个小时，寻找前一晚还清晰可见的广告牌。但广告牌神秘地消失了。他们一块也没发现。

我们是通过一篇报道得知此事的，里面准确记载了我们宁波经理在大会上的演讲。在我不知情的情况下，我们的几个同事清晨五点就乘船前往宁波了，去实施个人和公司对这个叛徒的报复。他们没找到他，因为等他们赶到宁波时，他已经来上海了。随后我们了解到了事情的原委。他演讲时，以为说的是英国公司，他自己与那家公司张贴广告的人有私仇，所以热衷于那次抵制活动。等他发现要捣毁的是我们自家广告牌时，便提出要帮忙，以求拖延他们的行动。随后，他急中生智，迅速动工。大集会结束后，他去找一位朋友兼同行，此人曾为那家发起抵制运动的中国公司负责张贴广告。宁波经理有理有据，说贴广告的工人们利益与共，如果众人开始捣毁广告牌，宁波弟兄们肯定就要没饭吃了，没人知道这事究竟会闹多大。这位朋友被拉拢后，两人立刻带上糨糊，召集各自人马，连夜将我们中国竞争对手的海报糊在了我们的广告牌上。因此，等宁波的堂·吉诃德们次日清晨出发前去袭击外商的风车时，当然什么也没找到。

几日后，狂热已经过去。从直接效果来看，那家中国公司大获全胜，因为我们的海报全部消失了。没过一周，我们开始恢复广告，不出一个月就完全恢复了。这件事就此结束。那位宁波经理借此良机报销，即便虚高，也无可厚非。他自费来到上海，在办公室待了几天，夸耀自己的所作所为，然后又自费重新回到宁波工作。在他眼中，智斗这群宁波大学生、拯救我的饭碗，那么有面子的事情，比他从虚高账单里多拿一点小钱要重要得多。钱会被花掉，但他的孙辈依然会听到他的机智经历，或许还会告诉他们的孙辈。

中国的狗总喜欢冲外国人叫

第九章 "快听！快听！狗真的叫了！"

不时会有出口经理来上海拜访我们，一般来的都是新面孔，似乎在花着公司的钱奢侈地公费旅游，而他们环游世界的唯一目的是探索他和他的同胞们在哪些方面比所到访国家的人民更为优越。这对我们久居中国的人来说是个老话题。我们为此争论过，以不同国别的视角多次展开讨论，再也聊不出新意。我们许多人在这里生活了很长时间，就连黄包车夫都给我们取了绰号，所以，论及盎格鲁－撒克逊人的优越性和东方人的毛病，我们可谓专家。任何一个领域的专家不得不听外行以权威的口吻讨论他其实一窍不通的事情，都会特别恼火，无论是新话题还是老话题，那些坚持要把老家生活拿出来比一比的访客，给我们造成的心理折磨远远多于我们忍耐其他的烦心事。关于英国人更糟还是美国人更糟，我们这边持不同意见者对半，但多数人都赞同，大部分加利福尼亚人自成一派。

每遇见一名这样的访客，无论是重要的出口经理还是没什么名头的游客，我都会不失时机地诱使他来一次乡间汽车旅行，接着去一座中国小村庄散散步，为的是让他感受一下狗儿们狂吠带来的惩戒和启迪。我们一靠近，村子里的狗就会以大合唱的方式表示抗议。最大胆的会绕着我们的脚后跟狂吠，懦弱而慵懒的是多数，远远冲着我们叫。由于每座中国村庄的狗都多到难以解释，我们总会成功地引起大片骚动，随着我们从一群狗的地盘转移到另一群狗的地盘，这种骚动此起彼伏。

来访者无不恼火。正如我预料的那样，几乎所有人都要问，我们为什么会引起这种犬类大合唱。我解释说，因为我们是外国人，说罢我就等着看他反应。大部分人算出了二加二等于四就会满意地止步，他得出这个结论也无须多久：

"就是啊！狗注意到我们的衣服了。"此话表明，他对狗一无所知。

"不是。"我伤感地回答，尽可能让自己听起来很严肃，"不是那个原因。是因为它们不喜欢我们的气味。它们以为我们是狐狸，或者以为我们谁在口袋里揣了没处理过的臭鼬皮。"

想要证明他关于衣着的理论不对，其实也不难，因为附近有很多中国人穿得和我们差不多，狗却从来不注意他们。倘若他觉得这么说很伤感情——他们一般都会这么觉得,我就会尽职尽责地补充说,尽管我是中国养犬爱好者协会(China Kennel Club)的成员,自己也很喜欢狗,家里还有中国的苏格兰梗冠军犬,中国的狗却依然讨厌我的气味,冲我吠叫已经长达四分之一个世纪。我还会解释说,我平日用的是一种按说能够去除所有体味的国际大牌香皂——不是为了迎合中国狗儿们的苛刻品味,纯属个人选择,但还是骗不过它们。实际上,我很多次都是洗过澡、刮了胡子之后从船屋里走出来的,散发着香皂的气息,装束整洁,但不出几分钟,所有迎风嗅到我的狗儿都会发出愤怒的抗议。无论如何都嗅不到我的狗,听到同伴们的叫声,也会知道有某种奇怪的野兽在这片爬行,同样要加入抗议大军。这种小小的心理实验总会引发如下后果:要么如我所愿打压了来访者的傲气,要么增强了他对狗的憎恶。

懂行或按理说应该懂行的内科医生、人类学家以及其他专家称,关于狗为什么认为中国人的气味可以忍受、外国人的气味忍无可忍,并无遗传因素。他们辩解说,我们白人并非生而如此,我们也不能像责怪其他缺陷那样将其归咎于进化,其实,这种独特而恼人的气味来自我们长期食肉的习惯,或许威士忌和杜松子酒也增强了这种气味,而中国人没有体味或体味较轻,是因为他们吃大米、麦子、白菜和鱼,很少大量进食猪肉。

这一理论或许基本正确,却依然存在漏洞。我们必然从吃肉更多的祖先那里遗传了点什么,因为中国狗儿会冲着食素的外国人吼叫,却不会注意那些成天大吃猪肉、喝空无数瓶马爹利

（Martel's[1]）白兰地的品位不高的中国富豪。

想让中国人对你讲一些贬抑之词很难，让他们拐弯抹角地说也不行，但有些朋友和我相熟已久，他们看我就像看一本采用了外国装帧的中国书。他们曾向我坦白，我们闻起来不仅独特，还很恶心，但他们总会急忙补充说，我是个例外。可我非常清醒，这种恭维之词并不属实，所有的狗都能做证。全体中国人民都很容易想明白英国人为什么有每天洗澡的习惯，很简单，他天生就是肮脏的动物，必须不停地洗。在中国开展有关肥皂使用的市场调查时，我们发现了一个有趣的事实：在中国北方，一天洗一次澡是惯例，就连温度降到零下也不例外，而较暖和的长江以南，人们则认为大量浪费肥皂和水是没必要的。彪悍北方人吃的是面，不是米，他们没有稳定的鱼类供应，因此吃的肉比体格较小的南方人更多。向中国人推广杜松子酒和苏格兰威士忌，迄今为止没什么成效，但出于某种奇怪的原因，他们的确会喝波尔图葡萄酒和白兰地。上一次回美国时，我的鼻子体会到了我的白人同胞们大量聚集时产生的气味证据。我时隔数年后第一次身处非华人群体之中，是在纽约地铁里，我立刻注意到了扑鼻而来的体味——那种广告中称杀灭浪漫、破坏婚姻幸福、阻碍商业成功的气味。在中国居住多年后，我已经忘了人类闻起来可以是那样的。在伦敦、巴黎、柏林和莫斯科也一样。不，莫斯科不太一样，那里火车和等候室的气味达到了巅峰状态，体现出下意识的努力、无与伦比的狂热以及出类拔萃的决心。

---

① 此处或应为 Martell。——译者注

中国有一些著名的气味，许多都很刺鼻。如果你傻到早餐前在中国某座城市里溜达，就会无可避免地路过垃圾运输工劳作的地点，他们泰然自若，你却只能在吞云吐雾中尽量保持舒适，避开视线匆匆走开。还有其他局限于特定地理区域的气味。从上海行至北平的途中，过了长江就会进入大蒜产区。老居民说，那里充斥的气味非常浓烈，就连不幸在上海登上列车的蚊子也会在车窗打开的那一刻被熏死，臭虫得以存活是因为它们的生活习惯相对懒散。可就连大蒜产区的狗，都能透过浓郁的大蒜迷雾检测到我（和你）的动物气息，我们一下乡，它们的"猎狐"行动即刻开始。

我常常在想，如果有人从美国带一批侦查犬来中国搜捕几个越狱逃犯小试身手会怎样。我觉得他们对这种大米和白菜的气味肯定无动于衷。

尽管我会试着引诱白人来访者踏上中国村庄之旅，让狗儿们注意到他难闻的气味、冲他狂吠，打击他吉卜林[①]式的骄傲，却还是会小心地引他绕开一群水牛，甚至会避免接近一头水牛——除非这头水牛按照惯例被缰绳和鼻环牢牢拴着。水牛是中国人最有用的牲畜，在水稻产区几乎必不可少。根据我仔细的非专业判断，尽管水牛的蹄子在同等体型的动物中并不算大，它却能在奶牛和马匹都会下陷的泥泞水田中埋头苦干，甚至能走进那些爱耍小聪明、避重就轻的骆驼们不愿涉足的地方。在水稻田耕耘十载或更久之后，老得无法工作的水牛会被宰杀，这种肉做

---

① Joseph Rudyard Kipling（1865—1936），英国诗人、小说家，较多作品折射出殖民主义。——译者注

牛排嫌老，但给上海的外国人炖牛肉还凑合，他们以为自己吃的是牛类中某个更高贵的品种。

尽管水牛家族也分雌雄，且性别比例正常，但习惯上还是将其全部视为雄性，因为在浪漫的英语中，以雌性指代一种长相丑陋的动物似乎会引发众怒。它看起来好像是用各种废弃零部件组装起来的，而这些零部件又产自不成熟进化时期的某条生产线。但作为机器，它至少在一方面拥有完美的性能。水牛生活中的一大乐事就是泡在水里，它可以几乎整个儿都泡在水里，只露出眼睛、鼻孔和牛角尖。除了河马，没有哪种四足动物可以做到这一点。像这样浸泡在水中时，它身体的可见部分就像是长角的鳄鱼。我刚离开得克萨斯水流缓慢的河口第一次来中国时，见到它的一瞬间就以为是鳄鱼。

水牛通常都很温驯，每户农家里最小的男孩几乎都要承担牵牛下地和回家的任务，还要负责放牛在树下或运河边狭长的草地吃草。中国最常见的景象之一，就是六岁的男孩栖在这种行动迟缓的动物身上。这也是中国画家最爱的主题之一，他们发现将幼小的孩子和硕大的牲畜结合在一起颇有意趣。水牛会带着慈母般的善意接受中国小男孩，但在那丑陋而温和的外表下，同样游荡着某种针对远古敌人的原始憎恨。

很不巧，我们外国人闻起来似乎就像是它们的老对头——可能是水牛祖先们非洲老家的某种臭猴子。不管我们让水牛联想到的敌人是谁，我们都该为水牛感到骄傲。它一定十分擅长对付张牙舞爪的动物，因为如今的水牛，老虎不敢随便对它下手，狮子都要敬它三分。中国小男孩差不多总是骑在牛背上，这或许是一种古老的传统。当中国覆盖着茂密的森林时,林中多有猛虎游荡,对小男孩来说,最安全的地方就是牛背。没有老虎胆敢挑战那威风凛凛的牛角。印度猎虎者喜欢在游荡的水牛群中追捕猎物,因为这些同伴让他们感到安全,预防暗中突袭。但白人走在水牛附近可不见得安全。偶尔受到这种新石器时代气味的刺激,它就会发起进攻,发泄这种持续了至少长达一个地质时期的古老的怨恨。当英军在受英国殖民统治的香港附近的中国区域开展行动时,总会事先做好准备将附近的水牛赶走,以免与这种战术不合常规的敌人发生冲突。在菲律宾起义期间,美国的一个连队本该获胜,但由于一群水牛决定支援菲律宾人,美军最终狼狈逃窜。在这场人兽之斗中,一名美国兵被抵伤了,美国陆军部(War Department)花了七年时间来鉴定这是否该被归为"战斗负伤"。所幸他们通融地做出了于他有利的决定,这名士兵领到了额外的疗养费。没有哪一个中国人,哪怕是伤口未经处理、满身虱子的中国士兵,会散发出这种让水牛勃然大怒的气味,任何一个中国人都可以轻轻松松地走在一群水牛中间,就像走在养鸡场里一样安然无事。

不过我们这些住在中国的外国人还比较走运,我们去乡间散步时,大部分水牛都在忙着手头的工作,或刚刚结束劳作,疲惫不堪,连看到剑齿虎都懒得发动攻击——只要后者不主动咬它。如果水牛有空闲,它最享受的事情之一就是泡在泥水潭里,浑身覆盖泥巴,这样苍蝇就不会趴在它丑陋的厚皮上叮它了。它可能的确对我们散发出的挑衅气味恨之入骨,但由于无法抽身或过于劳碌,往往无心挑起争端。某些时候,它也会突然以全新的眼光看问题，生发新的雄心壮志。清晨，它意外地饱餐了一肚子草料，前夜在堆满自己屎尿的牛棚里安睡了一宿，这时它会突发奇想。古老的仇恨涌进它的小脑袋，驱动它强壮的身体，一见到散发着可怕臭味的白人，它就会立即采取行动。它在水田里耕作的步速约为每小时两英里，但火气一上来，它开足马力，速度就十分惊人。所幸，丑陋而笨拙的水牛是个绅士，它总会事先发出挑战警告信号，向敌人发出两次，而不是一次。第一次发出信号是嗅嗅空气，朝着你的方向看，喷鼻息展示它深深的厌恶。第二次发出信号是甩甩可笑的尾巴，用蹄子刨地。我不知道，是否有人看清过它刨地到底一次还是多次，因为谁都不会傻等它进攻。第一次刨地就是警告你全速转移的信号。

　　水牛通常会和马匹以及你们视为正统牛的奶牛关在同一个牲口棚里，它们相安无事。中国的狗和水牛彼此相轻，互不在意。上海城里的狗被带到乡下去，头一回发现貌似容易欺负的水牛，总会欢快地叫上一阵子，绕着水牛乱蹦乱跳，可一旦它发现这无异于冲着一团泥巴吼叫，也只好作罢。水牛唯一会攻击的动物是白人。为什么它会觉得我们的气味如此讨厌、如此挑衅？在中国，它已经很多年都没有受到野兽威胁了，退一万步说，即便在尚未驯化时，它在中国森林里的敌人不也是两足动物吗？白人身上的这种气味到底有何特别之处，能让水牛想起老对头、激发它复仇的本能？

　　骆驼，在北平街上以及长城附近的其他地方都能见到，它们关于人类气味的经验可能比其他任何一种野生动物或家畜都要多。它时常都会同不能或不想洗澡的汉族人、蒙古族人以及藏族人共处数月。在北平,它还有机会对不同外交使团的气味进行采样,这些外交使团来自某些强国,以及少数渴望跻身强国的小国。这种体验可谓丰富至极,可骆驼并没有学会如何区分特别大使、三等秘书、贵夫人和蒙古牧羊人。只有游客才会试图去爱抚骆驼,而一次尝试足以劝退。若非确有所需,深谙世故的贵夫人和三等秘书绝不会抚摸或靠近骆驼。在北平,若有外国人路过

骆驼觉得谁都难闻

驼队,可能会有骆驼追着咬他一口,或更糟糕——朝他喷口水。要是一头骆驼朝你吐口水,你唯一能做的就是赶回酒店,洗个澡,换身衣服。与水牛以及中国的狗不同,骆驼的态度不对任何国家、种族或个体存在狭隘的偏见。对它来说,人类看起来都一样,闻起来都一样,它对他们的厌恶程度也一样。

如此深入地曝光了白人体味的糗事之后,我可以厚着脸皮进一步断言,对于不同性别,中国家畜并不会做出区别对待;面对

娇小美丽的女士，狗儿狂吠的响亮程度和怯懦热情绝不亚于面对大出汗的胖男人。每次一有机会，我都会陪同一位像德累斯顿瓷娃娃[①]般娇小迷人的年轻女士去中国乡下或其他她想去的地方，因为我喜欢观察她，像慈父一般守护她。我本以为她是能骗过狗儿的，其实不然。我们两人的长相有着天壤之别，但对狗儿来说，我们闻起来没什么区别。我还没试过让她骑水牛或骆驼，但我敢确定，结果一定会打碎我所有的幻想。

[①] 原文 Dresden-doll，应为 Dresden-china doll 的简化。德国城市德累斯顿（Dresden）一带以生产精致典雅的陶瓷著称，"德累斯顿瓷"在英文中可形容精致之美。——译者注

轿夫们抱怨我太重了

第十章 鱼和绳，西瓜子

在中国进行商务交易，总有很多意料之外的事情，倘若交易尚未彻底结束，买家尚未付款，商品尚未使用，服务尚未提供，无人敢确定交易细节是否不再发生变动，无人敢确保误会绝不发生。许多权威人士称，中国人在误解方面很有天份，他们能从方方面面充分利用误解，尤其是在旅行或与新手讨价还价方面。实际上，生手参与绝大多数交易时都会遇到一件事：等到付钱时，之前敲定的价格总会出于这种或那种看似有理的原因上涨了。预见所有不可测因素或上天旨意即将带来的转折似乎并不现实，而这些转折，无一例外地会让合同中付钱的一方陷入不利地位。抬你走坡道或山路的轿夫敲竹杠是出了名的，许多游客都栽在他们手里。当然，如果你像爬进一辆有营业执照的出租车那样，上轿之后立马启程，不问行程中每台轿子有几位轿夫、走哪条路线、在何处停留、每处停留多久、每台轿子多少钱、午餐盒以及其他小件行李是否由单独的轿子来抬、每位轿夫的酒钱是多少，那就像是签下草率的合同，里面漏洞比比皆是，有些会因为诚恳的意见分歧引发争议，敲诈更是不乏可乘之机。

　　我久经沙场，自以为处理这种事情已经可以算是行家了，但面对轿夫，我从未谈成过一次能够涵盖所有收费名目、旅程结束时毫无争议余地的交易。下雨了，路途泥泞，轿夫没想到；或者太阳出来了，轿夫们晒得汗流浃背；要不就是我走了太久，四处闲逛，看野花，拍照，以致延误了行程；要不就是他们刚开始没注意我携带了相机，增加了他们的负担。近年来，我体重增加，这又为无数新争议奠定了基础。我知道我很胖，我得为此付出代价。瞥我一眼，他们立马就知道我有多重，因为目测乘客的体重是他们的工作，他们是行家。但旅程结束时，他们总会坚持称，我的外表具有一定的欺骗性，若不是被我的表象欺骗，他们肯定会在报价时多加一点钱。去年夏天我们和朋友一起去重庆，我妻子和其他朋友从江边坐轿子到这座位于山顶的四川城市[①]都是各付十二个铜板。我花了十六个铜板。我不知道这些轿夫是怎样精确到这个数字的，但我们在重庆的这两周里，我不花这么多铜板

---

① 　当时重庆为四川省辖市。——译者注

就没人愿意抬,尽管出于原则问题,我会还价试试能不能少付一个铜板。我们在乡间旅行需要坐轿子时,我总会在最初的谈判中保持清醒,协商时,我每一盎司的赘肉都被考虑到了。但每当一段行程结束,轿夫们都会异口同声地对我超重的身体表示惊异。他们互相喊话,问有没有人见过像我这么重的。所有人都说没见过。他们说,像我这样的外国人,肯定不是血肉之躯,而是石头之躯。

当然,这些话旨在礼貌地奉承我。中国人的理论是,任何一个有钱人都会吃饱吃好,因此,如果你年近五旬,就应该心宽体胖,除非你是个败家子,端不住自己的饭碗。胖,也源于泰然处世之道,而这是饱读圣贤书之后学来的,所以在中国,你可以在街上看到富态的学者。这些家伙狂热地议论我的球状体态,实际上是在恭维我,希望让我心里美滋滋的,多给他们几个铜板。

每次争论总会聚起一大波人,这种斗嘴比打官司好玩多了。轿夫和我们各执一词。双方信口开河,自由欢快,却不会因此心生芥蒂。周围人一弄明白基本情况,就会介入争论,询问事实,最终裁定事情该如何解决。就我所知,这种简单粗暴的判决通常在任何一个讲理的人看来都是公平的,我从未发现他们因为我是外国人就对我存在偏见。人们推断,任何有闲情逸致坐在轿子上看风景的人肯定都是富人,所以应该大方一点,但这一结论,既适用于中国人,也适用于外国人。当然,如果我傻到出发时就没有商议好价格,那么谁也拿这种傻瓜没办法,村民就会任由我为自己做的蠢事埋单。但从另一方面来说,如果轿夫们设法逃避公正而绝对的协议,那么人群就会提出反对。当然,评审团必须是公正的。如果某个地方到处都是轿夫，乘客就毫无希望了，所以我总会挑好位置，确保下轿的地方四周没有其他轿夫，是中立地区。不管最终结果如何，每个人都得保住面子。就算轿夫们加钱的理由站不住脚，但让他们争辩那么久却一无所获也很糟糕。那会证明我们是吝啬的小气鬼，不配接受乡下人的热情招待。所以，如果他们涨价没道理，我们就多给一点酒钱，无论是否应该。人人都吵得很开心，人人都十分满意。

我妻子和我在中国经历了许多次愉快的旅行，最美好的回忆之一便是与三位朋友乘船屋同游钱塘江——那道流入杭州湾的美丽江水。没几个外国人去过钱塘江，但倘若交通方便，那里必将成为世界名胜。我们本打算在江上垂钓，并从上海带来了各种装备。等我们舒舒服服地在船屋里安顿好之后，看环境感觉很适合钓鱼。我们周围都是技艺高超的中国渔民，他们乘着一叶叶扁舟，骄傲地展示一串串鱼。黄昏时分，鱼儿出水的飞溅声激动人心，除了鸿鸣，这恐怕是最美妙的声音了。河上的中国人用鸬鹚、网、捕鱼笼、鱼钩、鱼线以及渔民所知道的其他各类渔具，更重要的是，他们能捕到生长在山泉水里的漂亮淡水鱼，不像上海附近捕来的鱼那样具有浑水口感。我至今还是想不通，我们那次怎么会一无所获。这里有很多机会，有许多看似能邂逅大鱼的水域！技术装备没有任何问题，鱼饵也很棒，足以吸引任何鱼类上钩。实际上，我们试了许多种不同的鱼饵：蚱蜢、钓饵虫、蛆虫、培根和饭团。但后来情况越来越明朗：要是我们想吃钱塘江的鱼，就得用更直截了当的方法来获取。

得出这个令人羞愧的结论之后没多久，有位渔民就带着一条又大又漂亮的鱼来了，这种鱼我从没见过。厨子和船工一致认为是条好鱼。为了买鱼，我们开始谈判，结果这成了一场持久战。初次询价是一元，还价是二十分。为了杀价，厨子说他以前的东家买过这种鱼，最后发现鱼刺太多，没人愿意吃。老家在另一河段的船工们公开称这片找不到真正的好鱼，劝我等到第二天，到时候我们不仅能找到配得上我这种绅士来吃的好鱼，还能找到正

一串串鲜美的鱼

派的老实渔民。就这样持续了一段时间，船老大和其他参与者都热热闹闹、开开心心地讨价还价，而我负责会议后的执行，最终以六十分钱成交，很可能为当地鱼市奠定了新的标准。

付完钱准备收货，一个更复杂的新问题来了。这条鱼活蹦乱跳的，鳃上穿了条12—15英尺长的绳子。我在中国住了这么多年，按说早该懂得如何行事了，可我居然假定买鱼就是买下配套的一切；渔夫却不是这么想的。议价时并没有提及那根绳子，卖

家称，它不在这笔买卖之中。他说得没错，我们谁都没想到会急需绳子。一般情况下，买家很快就能从手头翻出一条绳子，但我们船上连一英尺绳子都没有。此外，我们还发现，除了浴盆之外，我们唯一能装下鱼的容器就是水桶，但它时常用于排水，有时用得还很急。我们是打算第二天再吃鱼的，所以唯一能够使其存活并保鲜的办法就是把它系在绳子上，随船在水中漂游。买绳子的谈判比买鱼更艰难。我已经把鱼买下，所以渔夫占了上风，他知道我们就好比买了马却没有缰绳可以牵回家一样。可尽管他占上风，我们却人多势众，十比一，可以闹出更大的动静。很快他就让步了。最终敲定十个铜板，可谁能想到，哪怕我们使尽聪明才智，气势汹汹，这笔交易的定价还是不够具体。我们都以为，十个铜板买的是整条绳子。卖家却坚持说，他接受这种荒唐的低价，完全是因为他假定——应该可以说是断定，我们只是要买下足够长的绳子救急，也就是只买下足够拴鱼的绳子。他说，想要更长的绳子就是贪心，不够绅士，他企图以此羞辱我们，但未能得逞。他没有发表针对外国人的言论，只是对厨子说，上海人是出了名的坏。协商间歇期，他拿出刀子，在鱼上方不足四英尺处割断绳子。刀悬在空中时，船老大猛扯了下绳子，为我们多争取了一英尺，所以我们赢了。但这是空头胜利。夜里，鱼跑了，空留下那根绳子。

　　如果这个故事让读者们以为中国人天天都在忙着讨价还价，认为他们的主要目标就是从不加提防的人那里敲诈几个铜板的话，我必须纠正这个印象：当然不是那样。他们讨价还价不仅是为了利润，更是从中找乐子，其实，他们也非常愿意停下最激动人心的谈判，抛硬币决定你是免费得到一条鱼，还是乖乖交钱但一条也别拿走。秉承这种光明正大、逍遥自在的人生观，他们自然善良而且好客。通常，乡下人只能为客人沏上一杯茶，尽管不是好茶，但茶壶和杯子肯定是会捧上来的，倘若家里恰有上等好茶，他们会专门沏一壶，供来客享用。

鱼跑了之后的那天，我们在一座寺庙附近抛锚，不知道为什么，这座庙里都是士兵。在任何一个国家，无论是在战争年代还是和平时期，士兵都不是好邻居，于是我们顺流而上一两英里。在新的抛锚地点，我发现了自己好奇多年的东西，那是一片西瓜地，这个品种是为了收瓜子而种下的。这些西瓜子可以食用，有一种微妙的坚果口感，所有的饭馆和茶楼都有；中国各类宴席也都会用小碟摆上。据说它们具有微弱的催欲效果，因此不会让女士们食用。可许多外国女游客都坚持要尝尝，那时候她们可能会感到很奇怪，为什么周围的每一个中国人都像发现了新奇事一样。

想跟中国农民交朋友，最好的办法之一是送个空啤酒瓶，他们似乎觉得这种瓶子最稀罕。空啤酒瓶似乎能和它之前容纳的酒精液体一样换取热情好客的态度，虽然我也不知道这是为什么。空啤酒瓶总是送礼首选，也总能收到回礼。我看中了这位农民的瓜，就给他送了个啤酒瓶，他让我自己随便摘，我挑了一个，用于我的业余科学探索，这完全足够。

交换本该就此结束，可正当我和这位农民闲聊时，与我同来的船工已经把自己围裙里塞满了瓜，他挑选的是田里最大、最好的瓜。直到他围裙里塞满了瓜我才看见，但现在做什么都来不及了，我试图付钱给那位农民，但他怎么都不愿意收。我猜他可能只是客气，于是偷偷在他口袋里塞了两枚二十分的硬币，然后回到了船里。你要知道，这些银币在那个地方算是很多钱，一个壮年劳动力辛苦一整天才能挣来，这位老农已不再是壮年，很难知道这些钱与他的劳动该如何对应。这可以说是大方的馈赠，也可以说是用于买瓜的慷慨的付款。

我回到船里，把西瓜给我的朋友们看，我们都在惊叹瓜子如此之多、瓜肉如此之生，这时候，跳板上传来了一阵骚动。老农在口袋里找到了两枚硬币，走了半英里前来归还，诉说他遇到的麻烦。他用夸张的手势把两枚硬币放在跳板上，然后向所有人诉说他的麻烦。总结一下，大概是这样的。我拜访他，喜欢他那可怜的西瓜，就把他见过的最棒的啤酒瓶送给了他。他也不是没见过啤酒瓶，他一辈子收到过几十个，但我给他的，是他从前见过的两倍大。他懂得应该回报陌生人的热情，于是就把自己说不上多好的瓜田交给我任意采摘，也没有数被拿摘走了多少。他此时此刻也不知道，他不在乎。至此，依然是两位绅士之间的交换，但我却不满足于维持这种状态，悄悄往他口袋里塞了两枚硬币，使之成为令人不齿的商业行为。所幸他发现了，特意赶来归还。

在中国发起争论很容易，现在时机正好。老农的朋友和邻居们都站在他那一边，我的船员们站我这边。那个装了很多西瓜的捣蛋鬼率先发起进攻。他说，那位老先生不懂外国人的慷慨大度。我既然是这样来旅游的，显然是个有钱人，租了一条船，纯粹用于闲逛，每天掏钱，没打算要回什么，至于为什么，那愚蠢的原因只有外国人才能想明白。当我发现他们企图向杭州走私发臭的火腿时，甚至还大发雷霆，威胁要解雇全体船员。对我来说，扔掉二十分硬币只是儿戏，至于啤酒瓶，他可不敢说出我们这帮人每天能干掉多少，因为说出来他们也不会信。这句话时效性很强，那会儿我们刚好喝空了几个一夸脱①的瓶子，岸上的人群都能看清。为了证明我到底能傻到什么程度、如何大笔挥霍，几位船员说了几天前我们靠近一片沙滩抛锚后发生的事情。我居然为一捆柴火，花了整整一块钱，等天黑堆起来烧掉，这么做单纯是为了逗我们的一个小女孩开心。外国人做事的方式就是让人摸不着头脑。

其他人也跟着帮腔。船员们为我树立挥霍无度的慷慨名声真是有意思，我们前一天才因为他们想多要点酒钱而发生重大争议，我大获全胜。我知道，他们私底下都认为我是最抠门的洋鬼子。然而，他们似乎在这场辩论中说得头头是道。一些村民大声谴责我的行为，但那位老人已经说了他该说的，就这么让事情过去了，不愿再节外生枝。他等争论平息下来才离开，没人再注意到他了。他返回瓜田，将两枚硬币放在跳板上。后来我想起来去找那些钱，但它们消失了。从道德准则来看，我敢确定就是那个拿了老先生西瓜的船工偷了两枚硬币，但我没有确切证据，所以什么也没说。

---

① 液量1夸脱美制约合0.946升，英制约合1.136升。——译者注

"砍了他的脑袋，少废话！"

第十一章 很少有人能读报

我刚到中国时，坐在龙椅上的是个孩子，如今他长大成人，成为伪满洲国的傀儡皇帝，那时孙中山还是政治流亡者，即将推翻帝制的革命运动不声不响，隐藏得如此低调，我们没几个人知道它的存在。但清朝统治者却知道革命者的活动，绝不掉以轻心。没有宣传，革命就难以迅猛发展，最廉价、最有效的宣传方式就是报纸。因此，统治阶级把所有报纸都禁了，只有那不能抓人砍头、鉴于烦琐法律流程甚至不会判人坐牢的外国租界不受管制。对于砍掉办报人脑袋这件事，清朝统治者十分狂热，且效率惊人，因此，就连在外国租界保护下办报都成了高危行动。

说到这里，我必须讲讲一位中国人的经历，他的人寿保险真的给他的寿命上了保险。此人恰是我遇见的第一位中国新闻工作者。他热衷于革命，决定在汉口的一个外国租界办报，但也十分清楚有多少同行为此掉了脑袋。他在一家英国公司购买了人寿保险，要是他被砍头，他的家人不会因此而失去生活来源。他办报还没多久，就写出了得罪当局的东西。一次，他大意地走出外国租界进行访问时，被抓进了牢里。这次抓捕是奉当地官员之命，这名官员当面宣布要砍他的头，且不容辩解。这个出版商在狱中受尽折磨时，有充足的时间考虑自己的境况，想方设法自救。他想出了一种或许有效的办法。他决定试试想出来的续命理由，反正他几乎走投无路了。

"大人，"他扑通扑通地磕头，"您当然可以砍掉我不值钱的脑袋，但砍了我的脑袋，您就会得罪英国国王，后果可能对大人您不太好啊。"

一听处决中国小革命分子会得罪英国国王，英国人复仇之手居然能触及他，这名官员就产生了强烈的好奇心，一时间放下了威严的身段，询问这种看似毫无联系的区区小事为何能够引发如此深远而严重的后果。出版商继续磕头，开始解释。根据他与英国公司签下的保险协议，如果他活着，每个季度就要付钱给那个公司，可如果他死了，公司就要给他的子嗣一大笔钱。他活着，英国公司有钱可赚，他死了，对方就不划算了。如果他死于自然原因，公司无从抱怨，但若是由于官府砍头而让他们减少收入并赔上一大笔钱，他们可能就会满心怨恨地投诉。

从前，英国狮吼比现在要响，吼得也更频繁，在汉口，它吼得最响，因为长江流域被认为是英国的"势力范围"。当地英国领事馆找过这名官员很多次麻烦，有时是因为中国商人没有提走预订的货，有时是因为发现他向英国货物非法征税。他认定这位出版商的话里或有几分实情，于是推迟了处决，进行调查询问。一封急件发往首都北京，外交部起草函件向英国大使询问处决出版商是否会引发外交争议。谁也不知道英国官员对此是如何表态的，谁也不知道问询是否被转到了英国外交部，因为回音尚未送达，辛亥革命就爆发了；监狱被攻破，出版商逃到上海，又办起另一份报纸，我就是在这里听他讲述自己的经历的。顺便提一句，当地人寿保险生意一下子红火起来。

中华民国成立以后，办报人被砍头的危险并没有完全消失，但这种风险已经很小，新闻出版业差不多和其他任何行业一样安全了，它像雨后春笋一般发展了起来。和其他国家的人一样，差不多每个上过小学的中国人都觉得自己可以编辑报纸和杂志，尝试者为数不少，于是中国出现了大量毫无价值的刊物，不过也出现了少数几种佼佼者。

每当新客户或潜在客户向我询问有多少中国人能读会写，我会告诉他一个令人忧虑的统计信息——能在纸上写下古怪中国字或认得这些字的人不超过十分之一[1]，如此回答必将导致广告需求量骤降。如果能识字的人只有这么多，广告的吸引力似乎将

---

[1] 中国的识字率并无准确的数字统计。10%只是估测，人们普遍认为是这个数字，因为没有人能证明它有什么不对。无论如今的识字率究竟是多少，它都在迅速增长，中国政府下定决心要大力普及教育。

是十分有限的。我们总是用套话来应对这种悲观情绪：能识字的，才是手头有钱可花的好顾客。这个回答不仅真实，而且在大部分情况下都很具有说服力，我们的广告拨款被救下来了，但客户对这种营销方式的热忱大幅降低了。

部分是为了我们客户，部分是为了满足对于此类数据的好奇心，我们花费了很大力气，得出了对中国报纸读者人数的合理推测。由于中国所有日报都不需要经过发行量稽核这一关，出版商提供的数据和声明更多代表着自身的憧憬，却无法反映他们过往的真实表现。确定一种出版物的发行量谈何容易，统计全中国的日报发行量更是难上加难。但对于合作的主流报刊（不足一百种），我们的了解还是比较可靠的。从中国海关的数据可以看出中国每年进口多少吨新闻纸。中国本土的新闻用纸产量非常小，几乎可以忽略不计，计算这些新闻纸最多能印出多少普通版面的报纸并不难。此外，通过中国邮政局寄送的报刊我们也获取了准确数目。当然，鉴于大部分报刊都是由出版商直接递送的，这个数字只能代表发行总量的一部分，不过，它依然可以与我们计算的其他参考数据相互印证。我们对不同报纸的印刷设备也有着较为全面的了解，知道其中哪些印刷量不可能超过每日两千份，哪些在一万之内，如此等等，仅有极少数配有每日可印制十万份以上的设备。我们刊登了许多含赠券的广告，人们附上几分钱的邮票把赠券寄给我们，我们回赠牙膏、钢笔尖、香皂或唇膏。我们每个月都能收到数千张赠券，然后仔细地把它们堆叠起来。我们是这样计算的：如果在一家已知发行量为一万份的报纸上刊登广告可收回一百张赠券，那么倘若在发行量未知的报刊上登出同样的广告，收回五十张赠券，就可以比较有把握地推算，后者发行量为五千份。利用这四种我们知道存在不准确因素的信息来源，并采用或有缺陷的计算方法，我们得出了这样一个结论：全中国购买日报的人数约为三百万，其中包括无数依靠勒索勉强为生的"蚊子"小报。那些精确计算流通量、除了小数点后几位什么也不放过的干练稽核员或许会对这个数据不屑一顾。如果他们中有人可以得出更精确的数据，欢迎前来挑战。①

三百万份日报的发行量证明，全中国的读报人不足整个人口的百分之一，但那个数字呈现出的画面是残缺的。任何一份重要报刊都会经历我们所谓的"二次"流通。准确来说，上海许多报童与其说是卖报纸，不如说是租报纸。报纸先送往供职于外国公司、九点需要到办公室的王先生家。等他离开家，报纸就被报童收走，再送给相对悠闲的读者，这个过程反反复复，直到一周后同一张报纸出现在一百英里开外的某个外省人手里。

只租不买，这种省钱做法自然会遭到有钱人的鄙视，但在很多情况下，他们的仆人会想方设法，确保早报的价值延续到午后，然后把报纸卖给不太富裕的邻居。对于这种二次循环的频次，谁都只能瞎猜。它可能会让三百万份日报这个数字翻两三倍，但哪怕根据最乐观的猜测，中国的日报读者也不会超过整个人口的百分之五。看起来可能有点灰暗，但也有光明的一面。我们又采用部分估算当前发行量数据的办法做了一些计算，重构了从前的报纸发行历史，我们发现，尽管当前中国的报纸读者依然

---

① 中国目前的日报发行量大约和美国六十年前的差不多。

相对较少，人数却已是十五年前的两倍多。中国今天依然不是新闻纸消费大户，但消费量已有大幅提升，如果继续增长，每十年就会翻倍。

每每提及中国的文盲率，大部分人都会想象出一幅黑暗的画面。我们大部分人往往都会认识一两个笨到不会读书的，也认识不少从来就没好好学过时态和代词用法的，有人可能会想当然地推测，中国数亿人中有极大一部分都低于人类的平均智商。当然不是么一回事。很少有中国人是因为笨得学不会读写而成为文盲的，他们中大部分人成为文盲是因为没有学习的机会，或需要承担更紧急的义务。他们中很少有人是因为缺乏精力、求知欲、能力或抱负而缺乏读写能力的。据中国史料记载，从很早的时候开始，儒家尊重学问的传统就已风行。这种传统使那些只会雕琢字句的无能之辈成了文臣武将，从很大程度上来说也催生了附庸风雅的习气，导致国家衰弱。许多世纪以来，他们都试图用漂亮的文章来解决严重的内政外交问题。直到当下这代人掌权，才开始采取更有效的管理模式和外交手段，这并非通过贬低学识来实现的，而是更强调经世致用。除却历史上很久以前的一段时期，中国历史上从未有过学者这种特权阶层，甚至没有学者这种阶级。任何一个有学习意向和机会的男孩都可以光耀门楣。

盲人和聋人会因为自己天生的缺憾而发展形成弥补系统，这一点很容易发现，世世代代不识字的中国人也发展出了相应的能力。他们在许多方面都比识字的同胞展现出了更多的智慧。没有纸笔这些省力工具就能成功度过一生的人，自然比那些拥有这些辅助工具的人更需要动脑子。在我认识的聪明人里，有一位不识字的中国木工承包商，他在日常工作中表现出的脑力水平让很多大学教授望尘莫及。他能迅速并准确地计算出任何一个项目的成本，如果你对细节感兴趣，他还会告诉你要用多少根钉子、不同钉子的规格以及整项工作需要多少磅的钉子可以完成。倘若有改稿编辑相助，他一定能成为一名出色的记者，他的观察力十分惊人。只要看一眼，他似乎就能用大脑相机把一屋子人捕捉下来，一个月后，他或可报出所有人的名字，或可描述其中他不认识的人的样子。我提到他并非因为他是天才，相反他并不是。他并不认为这种心智有何特别之处，他的中国朋友也不会这么觉得。他出身贫苦，小时候上不起学。由于没有机会学习读写，他学会了用其他方式来做事。像他这样的中国人数以百万计。

不怎么会说中文或完全不会说中文的外国人，总是惊讶地发现，在中国，不用语言也能过活。中国人似乎可以本能地明白外国游客的需求，将他引到旅馆或码头，并确保他路上能够获取所需的帮助。最近来我办公室的一位奥地利人很有意思，他和同伴刚从维也纳开车来到上海，他们是最先从欧洲自驾抵达中国的人。他们在后半段旅程中穿越了几个很少有人说外语的中国省份。这位奥地利小伙儿告诉我，尽管他和同伴都不会中文，与人沟通却毫无障碍。每到一处，当地居民似乎很自然地就能明白他们的水箱需要加水，油箱需要加油，他们需要食物和过夜的地方。无须使用双方都能听懂的言语，就会有人提供这些东西。这并不是什么心灵感应。中国有无数种方言，世世代代中国人都习惯了同那些无法交谈的同胞打交道，所以他们学会了在没有翻译的情况下推测并满足旅行者的需求。

实际上，大部分人不识字的事实让我们在准备广告材料时诉诸一种非常简单的办法，那就是尽可能地让每一份广告无须文字辅助也能一目了然，换言之，利用图画语言这种古老的手段。我们知道，尽管我们对广告客户宣称，能买得起产品的人都能读报，实际上这个说法不太准确。还有很多像我木工朋友一样的人，他们不认识字，但家里有车，抽得起名牌烟。不识字的富家太太更是不在少数，因为女性受教育是近年才兴起的。中国太太在家里可以花钱，却读不了丈夫订的报纸，但她可以看图片，如果我们的广告极好地展现了外包装，并绘制出了产品的用途，我们觉得某种沟通目的或许就实现了，就能够向不识字的读者传递信息了。

尽管许多中国人目不识丁，却丝毫不妨碍他们享受优秀的文学作品。职业说书人到处都有，他的节目单丰富多样。其中一些是流动说书人，他们会在任何一个能把人聚集起来的街角开张，赚得足够多的铜板来维持生计。境遇较好的则是被请到运河游船上，每名乘客都按照老规矩给说书人一个铜板。哪怕听不懂一句中文，你也能看出这些吟游诗人的才能。夸张却恰到好处的手势，抑扬顿挫的声音，戏剧化的停顿，偶尔亮嗓子唱一两句，全神贯注的听众，这一切都在表明，他的叙事，用任何语言说出来都是艺术。他会用古代神话传说、著名战役和古典名著吸引听众几个小时。连自己名字都不会写的中国保姆，都会凭借这种得体而含蓄的方式，将中国古典爱情故事铭记在心。如此一来，许多不会读写的人对中国文学也有了一定的了解和鉴赏能力。

起初，对中国出版商而言，比起依靠增加销售发行量和广告版面获得收入，从一些政客或政客群体获取资助来得更容易，绝大多数报纸都是这样起步的。少数几种报纸发展壮大，脱离了政治赞助源头，但如今，中国拥有独立所有权、单纯依靠发行量和广告产生收入的中外文报纸，仅用两只手就能掰指头数完。论及大多数地方小报乃至一些相当重要的报纸，这种赞助系统让广告陷入了一种奇特的状况。出版商花费的成本已由赞助支付，所以当他计算要收取的广告费时无须考虑出版成本。他从这些版面所获取的任何收入都是纯利润。于是我们在一些小报上大量刊登广告，费用甚至不会超过印刷所用白报纸成本的几分之一。我们从不向这些小出版商询问费率。如果开口询问，就要耗上数周乃至数月才能敲定一种能做成买卖的、令双方满意的合理定价。倘若我们需要投放广告，就先算好我们认为这种报纸的版面值多少钱，寄送订单时一起上报，通常无须进一步通信往来就会被接受。

尽管这些有赞助的小报的广告费率低得惊人，但这是和他们做生意唯一令人满意之处。这种外省小报通常只对每天都出现的广告感兴趣。我们曾向云南一家小报下订单，是每周出现两次的小广告——周三和周日刊登，下单时，我们没讲定费率，出于疏忽，也没有表明我们愿意支付多少。最终收到发票时我们发现，我们要为这些露面频率极低的小广告支付的费用，比从前使用相同大小板块刊登每日广告还要多出一倍。我们客客气气地用中文写信给出版商，指出我们一周七天只有两天用了他的版面，我们最多只愿意支付每日刊登费用的一半。总而言之，我们无论如何都不会支付他寄来的那张发票。

出版商的回信同样客气,但他彬彬有礼的遣词造句中洋溢着愤慨,他也清楚地亮明了自己的理由。那些每日出现、按月收费的广告订单,无须劳神即可承接,因为那种广告待在印版里,无须变动。但我们只订周三和周日的广告,他必须特别关照,确保我们的广告只有那两天出现,其他日子不会出现,如果我们非得给他增添那些麻烦,就没理由拒绝付款。总之,他说如果我们不付钱,整个云南都会知道我们的卑鄙手段。

他的论据并不能说服我们,至于威胁,从前我们只听见过风声,却没见过大风掀翻茅草屋顶。所以我们写信,没么客气地告诉他说,他最好适应现代广告的习惯性做法,并总结称,如果不重新发一张修改过的合理账单来,就别想从我们这里收到一分

整个云南都会知道我们的卑鄙手段

钱，今后也不必再给我们写信讨论此事。约一周后，事情有了新的进展，是我们那则广告客户的来电呻吟。那家出版商以自己的一面之词写下了我们的争执，并将其刊登在自家报纸头版上，提名的不仅是我，还有我们客户，他警告云南老乡们留意我们，并建议所有云南人，同我们做生意，一定要收预付金，否则稍不留神，可能就什么都拿不到了。他还说，关于该话题，这篇文章仅仅是一个系列的首发，如果我不支付他的欠款，同类文章就会不断跟进。

当然，面对这种直接掀开屋顶的大风，我们也不打算纠正这家出版商的广告习惯了，直接付钱了事。不仅如此，我们的客户还建议我们通过电汇把钱给他，这样就能赶在他写出更多文章之前到账了。我很遗憾地说，这是我们头一回遇到这种事，却不是最后一回。每当我们拒付广告版面费时——或是因为印刷质量太差无人看清，或是由于其他正当理由——麻烦往往就跟来了。然后我们又会发现自己被"张贴"出来了，就像没付会费的俱乐部会员一样，我们的邪恶就这样向报刊的全体读者广而告之。我们不会为这种事情而失眠，但我们的客户每次都会高度恐慌，尤其是那些第一次直面勒索的。我可以说，这在中国小报中算是普遍做法了，作为收债的方式颇有成效。出版商需要现金，恰好发现自己有一大把尚未偿清的单子，于是就将欠款人及其数目编辑好，发表出来，每天刊登列表，但他会随时更新，将已付款人从列表中去掉，从这一点来看，他还是比较公平的。

任何一个有心收集上海中文报纸广告价目表的人无疑都会惊讶地发现，这十几种标准版面的日报，广告费率居然一模一样。

见到发行量不足一万的报纸叫价与发行量超过十万的相同,就连从未购买过版面的人都会称奇。而这种奇特的状况,源自高度灵活的折扣力度。倘若收费报价低于自己强大的竞争对手,新报纸和名不见经传的小报出版商会感到很没面子,这相当于亲口承认自己的报纸低人一等。结果,价目表都一样,但折扣从5%到75%不等。在中国所有的大城市都是这样。看到一家报刊的价目表,我们对那座城市的报价就一清二楚了,但隐藏在背后的是每家报纸的折扣和佣金,而那才是最重要的。

英美广告客户的黄金法则之一,是广告绝不能与竞争产品并置或出现在同一版面上。差不多各类商业广告客户都喜欢遵循这一原则——汽车制造商除外,他们似乎喜欢并驾齐驱。我们从美国收到的每一份订单,几乎都含有涉及竞争对手广告的条款,粗体印刷,并发出郑重警告:若不遵循该条款,休想得到费用。

我们想方设法满足客户的心愿。我们会向报社的朋友迂回地打听,了解竞争对手的广告何时出现,然后尽可能把我们的广告安排在相隔甚远的日期。过星期天的中国人相对较少,一周七天在中文里皆以数字表示,没有自己的特殊名字,选哪一天登广告没有太大差别,这一天和那一天差不多。我们致信中国报纸强调这个问题,并与排版的工头培养良好的关系,然而,我们的某种牙膏、唇膏或麦片广告,总是难以避免要和可恶的竞争对手并排出现。我们总是争取免费重登一次,但成功与否并不取决于我们的索赔是否有理,而是取决于出版商是否缺乏填满空间的广告、是否有必要维护同我们的良好关系,生意很好的报社完全可以我行我素。

每当纽约或伦敦的审核员以惊人效率获得了内含违规广告的

报纸时，就会立即给我们写来长信，这些信难以回复，因为很难让他们相信哪家报纸可以像中国报纸那样能在职权分散、缺乏纪律的情况下运营。实际情况是这样的，印刷工认为，根据自己的方便来做广告排版是他们的特权，所以他们会随心所欲地移动广告的位置。交付广告是广告经理的事，排字印刷是印刷工的事，他们绝对无法忍受互相干预。其实我们中文、日文和俄文报纸接到的投诉远比预想的要少得多，因为审核员们不懂这些语言；他的广告或许完全被竞争广告包围，可他毫无察觉。但我们频繁与竞争对手出现在同一版面的某些广告，偏偏刊登在上海、香港、天津或汉口的某家英文日报上，这就很难跟审核员解释了。他或许可以理解中文报纸出现特定广告的位置错误，因为连他自己也弄不懂这些报纸的排版，但他无法理解，清晰简明、一目了然的英文怎么会排错。

　　无比真实却可能令人难以置信的原因是：铸排机操作员、排字工以及中国英文报刊在印制过程中所涉及的其他技术人员都是中国人，其中绝大多数除了自己的专业术语之外，能说、看懂的英文单词不超过一百个。如果没有画面提示，他们甚至都不知道交来排印的广告讲的是牙膏、香港脚药膏还是保喉糖片。这些文字，在他们眼里就像是外国审核员看到的中文广告。印刷工不识字，这简直是难以想象的，但就英文来说，他们的确是文盲。他们每天在铸排机上排出各栏，却完全不知道文字讲的是什么。尽管他们使用自己一窍不通的语言工作，却能高效地完成排版。我总是觉得，中国的铸排机操作员非常神奇，任何一个懂得他难处和障碍的人都会产生如此感叹。他对文字内容一无所知，记不住一句话或一个词组，看不出打字稿中可笑的打印错误，却能迅速敲击键盘，产生整洁的校样，原原本本地复制出打字稿或原文中的笔误。

上海有英文、法文、德文和俄文的铸排机键盘，在这座国际化大都市里，还有其他特殊的字母表需要印刷、供人阅读。我觉得应该没有哪个英国铸排机操作员会心甘情愿地操作俄文机器——除非他上过俄文函授课，学过重要的词汇和词组，而这并不是件容易事。第一次世界大战前几个月，我在西伯利亚的火车上度过了两周，除了观赏西伯利亚荒芜的风景、抽不尽如人意的俄国烟之外，别的什么也做不了，于是我把时间用在了学习俄文书面语上，可等火车终于驶入列宁格勒车站时，我对某些字母的记忆却依然模糊。中国操作员绝不会产生英文母语者这样的自卑感。和他中文母语中的几千个汉字相比，三十二个古怪俄文字母太简单了，他很快就学会了，几周下来，他既可以在英文机器上工作，也可以在俄文机器上工作。他学习操作法文或德文机器，所需时间更短。

印刷工不懂英文，有时会导致荒谬的错误，我们不时能在上海的报纸上看到有趣的印刷错误。但令人称奇的是，错误也仅此而已。二十五年前，我在一家美国人办的报纸当夜班编辑，拿到一份头版校样后，我最后瞟了一眼，本打算睡觉，却突然发现了一段奇怪的话，仔细一看，原来是我晚上给另一名同事写的字条上的内容，轻率而有点粗俗。他把字条留在桌上，某个勤杂工把它放在了待印材料上。如今一想到这里我仍会不寒而栗，倘若我没有及时发现这一段话，倘若它出现在次日的晨报上，不知将会产生怎样的后果。后果之一，可能是我将会被那家报社辞退，因为我对主编和商务经理做出了不必要、也不合理的评价。当我把它们在一张复写纸上打出来时,听起来是那么无辜而天真,但以冷排印在那张校样上时,看起来却令人震惊。我简直不敢想象,如果我次日清晨等报纸全部印刷、递送完毕之后,蓦然在报上读到这些蠢话,那场面该是多么可怕。我很可能现在就不会书写在华经历的四分之一个世纪了,因为我肯定会被炒鱿鱼,并可能永远都回不到中国了。

另一位上海新闻人,某主流英文报的主编,就没能如此幸运地及时发现自己的轻率言论并将其从印刷中抹去。他所在的新闻出版机构同时也出版上海的年度行名录,该名录当时为上海同类中的标杆,如今依然还是。内容编撰并非他本人的工作,但依照惯例,付梓印刷前需要将校样送到他跟前做最后的确认。某一年,他在浏览校样页面时碰巧看到了自己讨厌的人,而那人几个月前已经过世。于是在送给编者的重新打样中,他将那位已故人士的名字用黑框围住,在校样空白边缘写上:

"这个蠢蛋死了。"

几天后,年度行名录出版,那位已故人士的名字围着黑框,旁边是那位主编的批注。后续发展清晰地表明,瞬息万变的因素能让好名声在眨眼之间一落千丈。这位主编是英国在华新闻人物中最为引人瞩目者之一,但让他受到关注的并非杰出成就,而是因为这句不经思考的愚蠢评价出现在了原本无足轻重的出版物校样上。

他们学的是得州扑克的打法
（图中文字为：同花、顺子、满堂红）

第十二章　顺子和同花

　　曾有几个月，来我上海办公室的访客都会发现，里屋摆了一张铺着桌布、围着椅子的圆桌，上面是香烟和烟灰缸、一副扑克以及几堆叠放整齐的扑克筹码。这看起来就像有人要来一局友好的扑克赛，的确如此。如果来客再多待一会儿，很可能就会看到我的一位中国员工进来跟我商量几句，我们一起走向牌桌，另叫上两三个员工帮忙，洗牌，数好筹码，然后伴随着中英文对话打几局扑克。接着他就会看到我们继续回去工作了。任何一名来访者都会认为，这一场景出现在颇有声誉的商务办公室里是很奇特的。

实际上，我们打扑克是为了认真完成某项重要的委托工作——我们在为那种伟大的美国游戏翻译中文规则。那时我们刚受到一家美国制造商的委托着手这项工作。无独有偶，扑克开始在中国流行与英美掀起小小的麻将热几乎同步，英国人对麻将的迷恋程度稍弱于美国人。中文扑克规则和英文麻将规则谁先出来，我不太确定，总之时间差不多。

我们刚完成一本美国药典的中文翻译，这项工作让几个人忙活了一年多；和那项任务相比，将扑克规则翻成中文看似要容易得多。我告诉那位制造商我们一周就能完工，报价也相对较低。他打算来上海待两周，我们原计划在他离开前完成翻译、付梓印刷。一周将尽，我发现我们其实面临着一个无比艰巨的任务——比我预想的要难多了。所谓的扑克术语规则，在中文里没有对应词，我们需要让老汉字适应新用法，还需要解释它们的新含义。制造商离开上海时，我们还没多少进展，我们不敢确定究竟何时才能完工。他无法理解这般易如反掌的事情怎么会那么麻烦，要拖延那么久，这在他眼里就像字母表一样简单，对大多数美国人来说扑克的确就是这么简单，我自己也这么认为。我很清楚，如果来得及重新找人，他肯定会把这个活儿交给其他人来做，但他不能推迟返航时间，所以只好留给我们折腾了。

最终，我们的业余扑克玩家完成了翻译，我们按照老办法，把中文交给外聘译员翻回英文，以便审校。这些规则兜兜转转回到扑克的母语之后，谁也看不懂。它们既可用于麻将，也可用于巴棋戏[1]。我就是在那个时候摆上一桌扑克用于实验和教学的，我当起老师，传授扑克这门艺术。我们将打扑克设为日常工作的一部分，每次专攻一条规则的修订，我们不仅要确保中国员工能够理解，还要确保翻成中文后每个中国人都能理解，一条改完再看下一条。我们当然不赌钱，但我努力打赢每一场，好让我的学生们相信，他们是由一位大师教的，也能激励他们更用心地投入工作。我们先看直接比大小的打法，然后渐渐过渡到头彩[2]、四明一暗、四明三暗、威士忌[3]以及这种游戏的其他衍生玩法。我们将这种游戏译成中文的努力引发了我美国同胞的同情与好奇，他们给予了很多帮助。其中一位坚持称，将扑克引入中国并使之成为流行的室内消遣，将成为一种伟大的文明影响，有助于打破中国的地方主义观念，让中国人找到共同的爱好。我的志愿者们对这项工作抱有极大的热情，最后阶段我放手交给他们去做，自己一本正经地坐回了私人办公室。开工六周后，他们宣布编写结束。规则译回英文后完全可以理解，除了几处小问题，其他都很准确。接下来我们选了五位没玩过扑克的中国人参与实验室测试，作为终极审核。我们请他们在牌桌边坐下，分发筹码、扑克牌和规则，紧张地观察他们挣扎着将规则付诸实践。为了使这次测试尽可能有效而真实，我给他们的筹码附有小额现金价值。我们发现了几处需要进一步细化的模糊点，但终究还是完成了这项

---

[1] 一种古老印度游戏的现代版，通过掷骰子决定行棋格数。——译者注
[2] 赌注总额一直增加、最后赢家通吃的玩法。——译者注
[3] 抓牌时留一张暗牌，如有玩家愿意，可摊出自己原来的牌换走，随后继续抓牌、换牌，直到有人亮牌不再抓牌，众人皆亮牌比出赢家。——译者注

工作，顺利付梓印刷。

在中国出版的书中，没有几本发行范围能像这些扑克规则这样广泛。威尔逊总统的战时演讲译文比较受欢迎，[①]可就连它的热度也没法和扑克规则比。第一版印了十万册，我不知道后来重印了多少次，因为我们把印版发给美国那位制造商后，新版是附在一箱箱扑克里运往中国的。但我知道，迄今为止，印刷量一定过百万了。我的名字和地址出现在了第一版中，这差不多是二十年前的事情了，可如今我们依然还是会偶尔收到内含邮票代金购买这本书的来信。这些订单来自远东、秘鲁、牙买加和毛里求斯各地。最近一次收到的，是几个月前从西藏一座边远小镇寄来的，地址是一座喇嘛寺。这本书的编写如此耗时，我们根本就没赚到钱。所以我一定要认可自己的小功劳。我是在沃思堡[②]学会打扑克的，总是按照最正宗的打法来玩。在一些女玩家的影响下，这个游戏现在有些变味了，居然出现了"海岬""铁路""独眼杰克"等各类允许使用百搭牌的玩法，看到这些，我和其他同辈人一样深感悲哀。我和同事们一致认为，一局牌里出现五张 A 实在叫人厌恶，为了防止这种情况出现，我们不仅谨慎地传达了这一规定，还给出了郑重警告。我们的规则在中国如今的玩法中依然算是权威，因此我们可以毫不夸张地说，中国人是世界上唯一仍遵循得克萨斯三十年前正宗打法出牌的扑克玩家。

此类游戏原本无须改进，但总有人希望变通它们的规则、增

---

① 本书作者曾以中英文对照形式编辑了威尔逊总统的演讲集，经商务印书馆出版后成为畅销书，还被许多学校当作英文教材。——译者注
② Fort Worth，美国得克萨斯州北部工业城市。——译者注

添新动作，让麻将遇冷的正是这种企图。起初，麻将在英美还是流行过一两年的。和扑克一样，麻将也是一种能引入无数变化的游戏。同理，当牌面被赋予新值时，游戏就更依赖于运气，而非技巧，可人们很快就会厌倦靠运气取胜的游戏，人性使然，因为借此获胜会少一份乐趣——玩家无法确信自己是凭借机智取胜的。麻将在中国依然是一种相对较新的游戏，一位宁波渔民把它发明出来只是三百年前的事情，但它始终深受欢迎，虽说玩起来需要一点运气，但最终胜出的依然是能力最强的人。

翻译扑克规则是我们承接的最难工作之一，但等我们开始为汽车做广告，又发现将汽车术语译成中文也很困难。中文里自然没有专门用于汽车各部位的词，为了下定义，就需要对一些既有汉字进行适当组合，或老词新用。每有一种新事物引入中国，就会经历一遍这一流程。有时很简单，比如，迫击炮是"蛙炮"，电灯是"瓶装月光"，非常生动。在"瓶装月光"和"白炽灯泡"之间，我会选择前者，至少听起来富于广告潜力，浪漫而诗意。

汽车在中国使用了一段时间之后，才有人开始思考它各部分的中文名字应该叫什么；实际上，我们一旦对接或大或小的汽车客户，需要在中国报纸上刊登广告并翻译一些产品目录，这个艰巨的任务自然就压在了我们肩上。我们遍寻中文汽车术语而不得，却发现上海司机已经发明了一套有趣的"行话"。他们中有许多人都是马车夫出身，东家将马车换成汽车，让自己的马车夫学习驾驶新交通工具，这很正常。在中国，尚且无人通晓汽车驾驶的艺术，马车夫的起点和任何人都一样。实际上，他还具备一大优势：他熟谙路名，清楚东家的俱乐部在哪儿，对轿子、马车、黄包车的交通规则也略知一二。新司机诞生了，嘴里说的是马厩行话，因此汽车术语中不少与马相关，有些用在马厩里很合适，却不登大雅之堂。随后我们发现，汽车修理工还有一套完全不同的术语，看起来也很怪，但印在纸上还说得过去，也能给我们初步的启发。他们的术语巡游在海洋之中，因为许多人都曾是

马夫们讲自己的马语

修理技艺高超的轮机工程师。我们备受鼓舞，但随即出现了一个新难题。不同汽修厂的修理工采用的中文术语各不相同，所以我们必须先集齐上海所有不同的叫法才能继续，然后从中选择最合适或使用最多的。

我们做出的第一批目录在全上海畅通无阻，但送到香港、天津和汉口，那里的人完全不知所以然，去掉配图，甚至都不知道那是汽车产品目录。举几例说明这种困惑：我们将汽油称作"蒸

汽油"，但天津叫"电油"。我们把轮胎叫作"橡胶管"，但北京说"橡胶环"。①这些术语多少略有相似之处，可一旦遇上化油器、变速杆、差速器这些复杂的东西，不同地方的术语相差甚远。每个地方，司机和修理工们的术语选择都和上海截然不同，更糟的是，我们需要做广告代理的汽车品牌在每座城市都有不同的名字。显然，如果我们要用中文做汽车广告——后来我们的确做到了，首先必须保证广告能够被人理解。我们以此为出发点，着手准备汽车术语汇编，从各中心收集当地使用的所有术语。从这些词里面，我们再剔除粗俗或荒唐至极的部分，最后把粗略筛选的词语印出来。我们把汇编送给每位对汽车感兴趣或对我们项目展现出一丁点儿兴趣的人，向他们征求意见，询问他们觉得哪些更合适。鉴于有意肩负起这一重任的别无他人，征集意见之后我们对术语自行做出最终的选择，出版了我们所谓的"标准"术语汇编，然后劝诱独立的汽车经销商协会赋予它官方认可。从未有人质疑这份术语汇编，它很快就获得了公认，就这样成了通行标准。我们选用的术语在中国今天所有的科技词典中都能找到。

发明行话的中国人不仅限于司机；实际上，每个行业都有一套外行不可能听懂的行话。每种技艺都成了一门共济会式的秘密，有着自己的代号和手势，同行之间沟通的时候，丝毫不会向圈外人泄露交流的秘密。有一个故事听起来可能有点夸张：受雇于上海跑马总会（Shanghai Race Club）的数百位马童和马夫们

---

① 此处不同城市所用的名称皆为英文字面意思直译。——译者注

说着一种外人不懂的语言，他们将这门语言作为向新人收取贡品的筹码。每当一名外国马主雇佣一名新马童，后者必须先掌握其他马童的行话才能漂亮地完成自己的任务，于是其他人向他收费，从他最初几个月的工资里分成。这实际上就是他享受行会完整待遇的入会费。店主和店员也有自己高效的手势和暗语。店主可通过旁人看来毫无意义的手势或词语，指示店员接受顾客的报价或坚持等待更高的。

若想被中国人轻松地辨认出来，每个在华长期居住或短期逗留的外国人都需要给自己取一个中文名，他想和中国人做生意或社交也是如此。这一点或许无须解释：中文不是以字母组合成词的字母语言，每个独立的汉字各是一个词。外国人看中国人的名片就像是在看象形文字，同理，大部分中国人也看不懂他的名片。鉴于中文没有字母表，所以外国人名最多只能用发音相近的汉字来表示，由外文直译而来的中文名通常是任意性极强的汉字组合。他的名字可能是简单的史密斯或琼斯，也可能听起来与英文大相径庭。此外，一百个史密斯可能有一百个不同的中文名，因为汉字无法表达那个名字的声音。中文名的选择取决于中国命名人的心情，依照我的经验，在给外国人取名这件事上，中国人十分任性，更别提多爱开玩笑了。如果你叫李（Lee）或华盛顿（Washington）这种名字，发音恰好可以完美地对应起来，那么真的很幸运，但大部分情况下，中文名并不能让人联想到英文名。比如，我的中文名字叫"克劳"，这是他们所能想到与"Carl Crow"发音最为接近的。我这个姓，有对应的中文意思，但那样做实在不可取，因为 crow（乌鸦）是一种习惯不好、名声极差的鸟儿。我那四个字母的中文名（Ko Lo），意为"不竭的精力"，是二十五年前美国驻沪总领馆（American Consulate）的一位中国职员给我取的。那时候我怀疑他是不是给我安了一个幽默的名字，被介绍给中国人的时候，一见对方像是在按捺笑意，我就想到这个问题，这个名字用了十年乃至更久，我才明白这个笑话多么妙。我虚荣地以为"不竭的精力"指的是行业领军人物们所拥有的那种活力和驱动力，那种能让穷小子变百万富翁

在北京，名片的尺寸很讲究

的精力。一想到自己名不副实，我良心总有点儿过不去，可随后我发现自己一直生活在臆测的化名中。我名字指的根本就不是那种精力，而是手推车苦力或黄包车夫必不可少的体力。

不过，我的名字还算好的，不像我一些朋友的名字那样不合时宜，他们的名字听起来纯粹是头重脚轻，如"永德""圣贤""宁慎""永和""贤佩"①。这种听起来就像是古代帝王的谥号一样。我还是更喜欢我那蕴含着谦卑含义的名字，我宁为活生生的黄包车夫，也不做已故的王爷。

需要经历这些转变、在中文里洗礼一新的不只是外国人的名字，所有外国城市的名字也一样。大部分外国城市名都只是"外国"名字的音译，但也有一些蕴含着生动的描述。伦敦直接被称为"英国首都"。旧金山是"旧时金山"，檀香山是"檀香木岛"。旧金山是早期中国移民的重要目的地，中文名是中国淘金者取的。差不多同一时期，夏威夷群岛为中国提供檀香木。在中文歌曲里，旧金山有一个诗意的名字，叫"三藩市"，"三藩"指的是淘金热年代构成加州主要人口的美国人、英国人和西班牙人。几个世纪以来，中国贸易者从菲律宾人那里赚了不少钱，他们称菲律宾人"吕宋鬼"，即"吕宋岛的恶魔"。每次为新品牌做广告，我们的首要任务是取一个合适的中文名，这并不容易。但没有一位客户能够理解此举的重要性和难处。实际上，我们得花费很多口舌向他解释，他在其他国家里家喻户晓的品牌，来到中国之后需要重新命名。品牌的中文名要简单，朗朗上口，但必须有

---

① 英文字面意思直译，或有多种中文组合。——译者注

特色，还不能被轻易模仿，也不容易与其他品名混淆。我们取好一个符合上述条件的名字之后，还要测试它是否会引发粗俗的联想。中国是双关语大国，最沉稳的词变个声调，瞬间就变得不堪入耳，引人哄笑。这是我们像避瘟神一样力求避免的事情。有一两次差点酿成大祸，所幸躲开了。

除了少数能讲中文的，其他外国人都觉得中国人的名字令人费解，也很难记住，有心去记忆的人更是少之又少。我猜，对自家仆人名字略知一二的外国人不足五十分之一，对他们来说，仆人们就是"仆欧""厨子""苦力""阿妈"或"园丁"。在办公室里，外国经理知道重要中国员工的名字，但其他的只是"仆欧""收账员"或"苦力"。由于每个工种都不止一人，他们会以数字来区别身份。仆欧领班被称作"一号仆欧"，居其次者为"二号仆欧"，依次排下去。这种用数字编号的办法非常方便，被广泛应用。我们可以将公司的总经理或董事长称为公司的"头号"。在中国沿海地区，如果有人提及英国国王的"一号仆欧"，尽管这个指向很含糊，但大家都明白他说的很可能就是英国首相。

不管你的正式中文名是什么，都会被仆人或员工冠以一个或多个绰号。很少有外国人知道自己的仆人管他们叫什么，这或许是件好事。中国人给外国人取绰号并不是因为对方是老外，而是因为这是一种普遍的习惯，几乎每个中国人都有自己的昵称。如果王家有个人得过天花，痊愈后就会被人喊"王麻子"，他坦然接受这个称呼，因为比起死于天花，面部留下缺陷已经不算大事，运气够好了。任何一种残疾或容貌缺陷都可能会被拿来取绰号，如果没有这些生理特点，就可能用上性格特点。中国仆人觉得外国人的名字很难记，发音也不容易，因此采用了一种更简洁的办法——用街道地址来指代。我的仆人通过另一名仆人给我的朋友送信时，既不用我的英文名，也不用我的中文名，他会说"康脑脱路①883号的主人"。公寓楼出现之前，这办法很实用，但公寓出现之后就复杂得多，因为你可能有两个或多个朋友都住在那里。因此，若有人告诉我妻子她出门时"百老汇大厦的小姐"打来了电话，她得问是哪位小姐，仆人解释说"老的小姐"。从年龄来看，那位小姐应该是最年轻的一位了，但她比另一位小姐更早住进百老汇大厦，于是就获得了这个尊称。我们其他外号可没有这么平淡。我恰好知道自己的一个绰号。我从上海的美国总会出来时，看门人大声喊：

"可可！"

在总会外面等着接其他人回家的司机们不停重复这个名字，直到我的司机听见。一位多少被人敬重的老住户被人用类似于滑稽歌剧人物的名字"可可"来称呼，真是有失庄重，我可以拒绝，但如果我拒绝，那么只会等上更长时间。车来的时候，看门人恭恭敬敬地打开门，我端庄地坐进去，司机就开走了。看门人也努力想把我的英文名念对，但为了穿透街上的噪声，喊得更清楚，他就把名字简化了，方便司机听辨。

其实就连我那个"候车名"也不算太差，对人格并无贬损。上海一位主流英文报刊的主编被他们那儿的所有印刷工尊称为

---

① 今为康定路。——译者注

"胖无赖"。他胖,这是不争的事实,至于无赖,似乎仅限于他对整洁校样的执着。我们中有一位近期访问伦敦时应邀担任法官的杰出成员,居然被上海的黄包车夫和出租车司机称为"小果冻肚"。在这位备受尊敬的老先生名字前加一个"小",是因为二十几年前已经有一位"果冻肚"了,所以当第二位梨形身材的先生出现,唯一合理的解决办法就是以小字辈称呼。另一位老先生被黄包车兄弟们称为"二十分",因为无论行程有多长,他只付二十分钱。曾在他俱乐部门口候客的黄包车夫都明白这一点,也乐在其中——因为他的光顾有一种令人愉快的偶然因素。他可能只坐几个街区,就让车夫轻松地小赚一笔。他也可能从外滩坐到跑马总会,把人累得气喘吁吁,却依然只给二十分钱。车夫对这件事既说不上高兴,也说不上不高兴。风水轮流转,今天不太好,或许明天就轮到他走运了——比如,拉到一名美国游客,付给他的是美元,虽说也不多,但还是比中国货币值钱。

病人选医生就是赌一把

第十三章　中国疗方

我想，世界上任何一个地方的专利药品大制造商都曾在某个时刻尽情想象过，要是能够通过某种方式，让一大波中国人相信自家制剂的疗效，就能财源广进，积累巨额财富。除了人口数量，他对中国了解甚少，可越是不了解，白日梦做得越香，越容易幻想出遥远而繁荣的未来。他卖药的实践经历告诉他，没有人会为了避免去看医生而每天吃一个苹果。健康人对自己的健康状况十分自信，连每天一粒李子干或葡萄干都懒得去吃。每个人都愿意购买用于治疗的药剂，但很少有人服用预防剂，哪怕是免费的。人人都知道，或说应该知道，早餐前一杯温水就可以预防某些疾病，但愿意花时间喝那杯水的人不足千分之一。但卖药的人知道，当一个人经历头疼、背疼、脑袋疼或其他切身的肢体疼痛时，他无疑会服用缓解疼痛的药物，好让自己重返常态。当他按照平均概率估算每时每刻中国几万万人中大概有多少正在遭受某种疼痛折磨、考虑自家哪些药剂可以治疗或缓解他们的疼痛时，自然很容易做起美妙的白日梦：私家小艇近在眼前，乡间大宅也不太远。

他知道给药品打广告很简单。无须担心读者的兴趣，也不必借助昂贵的广告画和精巧的排版来吸引注意力。如果你的药片治疗背疼，那就别指望那些没感到自己背部存在的人多瞥广告一眼，但背疼的人，个个都会从头到尾读一遍，将上述症状一一对照，让自己相信，这可不是普普通通的背疼，不是随便某位张三李四都会感觉到的痛，是自成一类的痛，是比其他疼痛更优越的品种。病人最大的满足感来自和病友一同讨论症状，互相比较、吹嘘，这也是他们最享受的一件事。若是不能与人讨论症状，那么他最享受的事情就变成了阅读相关文字。背疼让全世界一家亲，一位中国黄包车夫受车杆压迫的腰背，和一位百万富翁靠在豪车椅子上的腰背，疼起来可能不相上下。我在想，既然"自白式"杂志在美国如此受欢迎，为什么没有人开办一种类似的报刊，让慢性病患者和偶尔患病的人表达自我，让他们因此感到自己从报刊发行所及之处收获了全体读者的同情呢？如果有人开办这种刊物，我可以提供关于香港脚的精彩自白，并就胃炎进行合理陈述。

从理论上来看，假定中国拥有巨大的专利药品市场，听起来似乎很可靠。这里人口众多，民众对护肝药、护肾药、感冒药、净血剂、补药等在其他国家大卖的药剂所知甚少。这里医生少，医院更少。[①] 假定这里存在各类疾病、患者众多、急需药品，看似十分合理。如果这位制造商愿意花时间阅读医学传教士的报告做调研，且报告的信息来源真实可靠——按理说应该是可靠的，他就会备受鼓舞。这些诚实、努力而具有自我奉献精神的基督传教士，在每一份报告中都记录了拥挤的手术室和诊所，都表达了对新建医院的迫切需求，并呼吁增加医疗传教团的资金支持。对药品生产商来说，这似乎是服务患者、顺便大赚一笔的好机会。

我也曾热衷于幻想这桩生意的可能性，直到在探索过程中有了进一步的了解，这个过程让我的客户付出了高昂的代价，让我备受打击，我本是帮助他们中的一些人花钱为新药做广告，可这些药从未实现能够赢利的销量。我通过这种方式发现的第一件事是，中华民族的人民非常健康。他们许多人都住在通风极差的房屋里，生活在肮脏的环境中，也不怎么运动。按理说，他们身体应该很差。事实并非如此，我不打算详细解释原因，只能说，婴儿死亡率较高，只有强壮的婴孩才能活到中年，因此可以抵御各类疾病。不管究竟缘何，十来家大型保险公司都很欢迎中国人投保，收取费用也不会高于其他那些声称生活在健康环境中的人民。实际上，由于中国人连保险金也要讨价还价，就像面对其他商品一样，他们许多人实际上（在一些公司）交付的保险费比我们外国人还少，或者能从同样的投保项目中获取更多利益。

---

① 全中国仅有2.5万张病床。

关于中国人买药的潜质，我发现的第二件事情是，如果中国人病了，他不会像其他国家的人那样去请医生或翻找家里的医药箱。翻医药箱根本不管用，因为家里没有医药箱，厨房里倒是有可能挂了几种草药。很多情况下，他只是上床休息，趁着没有食欲，净饿一段时间。如果他感冒了就这么做，恢复的速度通常和按时吃药差不多。我相信英国医生会互相通气说，接受医师的常规治疗，感冒两个礼拜就好，不接受任何治疗，两周即可痊愈，但他们不会向外行吐露这个秘密。中国人几个世纪前就明白了。他们甚至不会自欺欺人地相信热酒有助于康复。

关于在华销售药品，我了解到的第三件事情是，如果中国人病得实在厉害，急需寻医问药，那么他十有八九会去看中医，或去中药铺抓中草药，也可能向附近擅长照顾病人的老先生求治。并非只有穷苦人家和无知者才偏爱自己祖国尊崇了几百年的疗法。我至少见过三个选择中医药治疗的美国大学毕业生，毋庸置疑，肯定还有许多其他中国大学生也持相同态度。乍看之下，人们可能会以为医疗传教士们夸大其词或扭曲事实，但这么说并不准确。他们称诊所拥挤，的确如此，他们只是没有提及，传教团诊所通常很小，三两位病人在家属陪同下前来就能挤满。很少有城市的诊所大到足以容纳病患的百分之一，因此对"外国药"稍持接受态度的病人一同上门就诊，就会让诊所显得空间不足。[①]

[①] 洋人众多的现代上海人口共计 300 万，在工部局（Shanghai Municipal Council）注册的医师有 924 人。与中国其他城市统计数据相比，该注册比例算是很高了。全中国也只有 2.5 万张病床——只能为美国现在需要住院疗养的"一战"退伍老兵提供略微过半的床位。

四十出头时，不谙世事、年少气盛的我曾帮助并鼓励我的客户花钱，为几乎无人购买的药品打广告，不过我已经有很长时间没有主动承接这种业务了。实际上，我曾劝退几个想在中国做药品生意的外国制造商，只要我从为他们省下的钱里分一小杯羹，即便买不到一艘私家小艇——更关键的是，没钱保养，也能拥有全上海最棒的船屋。但我这个行当有一点比较尴尬：广告代理能为制造商提供的最宝贵建议，就是劝他别在毫无希望的大目标上花钱，然而，该服务几乎总是免费项目。

尽管几乎所有外国医生都对中医和中草药持公开的蔑视态度，中医疗法也看似粗糙而不完善，却赢得了无数同胞长达数个世纪的信任。英国医生并不看好中医，但他们也应该意识到，英国国内也有多种不同疗法，不同疗法的实践者们也彼此相轻、彼此厌恶。尽管中医的思路同西医完全不同，但中医界也是英雄辈出，不乏名医，不乏对科学事实的耐心求索。1848年中国处于对外通商、外国传教士来华的初始阶段，当年中国有一部巨著问世：《植物名实图考》[①]。这套书共六十册，内含将近两千幅精确的植物手绘。尽管这部百科全书式的著作有一些相对较新的材料，但主体辑录的依然是古代医典已出现过的知识。基督诞生前一千多年，医生这种职业就已经在中国出现了，医生会将病例记录在案，争论不同药草的价值。

尽管我比较走运，不怎么去看医生，对医生和医院的了解远远少于我同龄的非医学人士，但我对中国医生的态度十分坚

---

① 清代吴其濬撰，共38卷，收植物1714种，以药用植物为主。——译者注

定——尽管这种态度是业余的纸上谈兵。一百代中医都在仔细观察不同草药在病人身上的疗效，说他们没有积累大量的治疗知识，我才不信。中国人就是这样想的，有几次我在中国病得厉害，我的中国朋友们苦苦劝我请一位中医，服用那些治愈了他们祖祖辈辈的中药。当然，我的信念还没有坚定到那个地步，如果我不太舒服，我还是会找老朋友汤姆·邓恩（Tom Dunn）医生看病，有时也会谨遵医嘱。

中医实践从未被列入正式的科学研究体系，以学徒制传授。每位医生将自己的技艺传授给一名或多名子嗣或小辈亲戚，就像其他国家的医生从前所做的那样。1858年以前，英国的学校或其他机构都可以自行制定规则、颁发行医资格证，不受任何来自国家的监管。[①] 而在中国，行医无须从任何一家机构取得执照或文凭，任何人都可以自封医生，这也给了江湖庸医可乘之机。在中国，法律面前各种行医方法一律平等，但所有公共健康服务机构都采用西医疗法。毫无疑问，许多负责检疫和其他公共健康事务的中国官员私下里还是认为中医更优越。但由于缺乏医疗体制、行医标准以及职业道德细则，全盘照搬西医比改革和规范旧有的医疗实践更容易，中国也正是这么做的，此前，日本也是在相似情况下完成了同样的变革。

许多外国制造商在中国出售药剂，一些是需要医生开处方的

---

① 旨在规范医疗行业以及从业人员资格认证的英国1858年《医疗法案》出台，规定成立相关理事会，监督医学教学和资格认证。——译者注

"处方"药，还有的是让家里无须请医生的药品。[1] 中文报纸到处都是药品广告。世界各地广泛出售的多种药品在中国都能找到。我们负责其中几家的广告。这些药品在中国已经销售了一代人的时间乃至更久，树立了良好的声誉，拥有足以赢利的群众基础。这些药剂似乎完全能够满足当下需求，引入新竞品几乎可谓毫无空间。由于中国人不愿放弃老品牌、购买新品牌，对于诸如护肾药等有关自身健康的重大选择，他们自然持保守态度。当代人想要的是曾疗愈他们祖辈腰疼的那种药，其他一概拒绝。对那些曾治愈他们祖辈的品牌来说当然没问题，但对那些希望将新品投向市场的人来说就不容乐观了。他眼下最多指望先找到一些青睐自家产品的顾客，然后等他们的孙辈长大成人，而不是期待短期内收获稳定的大额进账。等三代，销售额可能仍然不会有大改观。同限制在健康合理想象范围之内的理论销售额相比，任何制药商的销售总额都低得惊人。西药的总消耗量，或许不超过每人每年平均一片。

老水手有一则关于中国的奇谈，大概是讲中国人付钱给医生，让他们保证全家人的健康，如果家人遭受疾病侵袭，就不再付费。这一有趣的误传源自中国人在许多个世纪以前建立的一种系统：每年或每月向医生付钱，医生则需料理整个家庭中出现的所有病人。这个体系非常理智，近年来，许多国家的一些进步社区也开始采用这种做法。这既保证了医生拥有稳定的经济来源，

---

[1] 中国的专利药品年销售额约为40万英镑。德国占36%，居主导地位，英国占26%居其次，日本占13%，美国为10%。几乎所有医生都认为人参并无药用价值，但美国在中国售出的人参比药片还多。

也能让一家之长放心，不必担心较长疗程可能涉及的高额费用。为医生支付月薪或年薪，绝非普遍做法，实际上，这仅限于少量节俭的富裕家庭。它在中国的普及程度不会超过英国各种疾病和意外险的推广程度。

大多数人仅当家中有人生病时才寻医问药。亟待解决的大问题来了：到底该请附近哪一位医生？中国好医生和他们讲求职业道德的外国同行一样都是不打广告的，他们通过街谈巷语这种不确定的途径来建立声誉、吸引业务，每位医生都知道，这种宣传方式既可能给江湖骗子带来显赫的声名、业务和利润，也可能会让做出了不幸诊断的老实人名誉扫地。在这种环境中为妻子儿女或其他亲人请医生，中国的一家之主担子很沉。选对了，那么亲爱的家人或许很快就能康复；选错了，家族墓地可能又要多一座土墩。其他国家的许多一家之主也面临同样的问题，但很少有人会像中国人这样以一种果断而充满宿命论的方式来解决这个问题。尽管这个问题十分严肃，但中国人自有他们认为理智的解决方法。当地或有十二位好大夫，选哪一位都差不多。为了确保这件事受到上天的眷顾，待选医生的名字会被写到小纸条上，由病人抽一张。指定的医生请来了，大家都很乐观。他们都知道，在治病救人方面，运气因素也十分重要，让病人盲选一位医生，从一定程度上挡住了那些合乎逻辑的方法或许携带的厄运。更重要的是，医生的名字是病人自己点的，他对医生完全有信心，坚信自己能够康复。如果我在一个陌生的地方病倒了，我觉得我也会用这个办法来选医生。

尽管提起向中国人出售西药这件事在我们公司激不起一丝热

情，但一遇到在澳大利亚或印度等一些世界专利药品大国刊登中成药广告的机会，我们都要欢呼雀跃。文案该是多么有趣啊，也不用偏离现实太远！我们为一种知名儿童药做广告代理很久了，代理期间，宣传语都换了。从前它宣传的是享誉五十年，如今改称享誉六十年了。这听起来对专利药品来说是可敬的年龄了，但想想看吧，如果你早上打开晨报，看到广告称某种药剂从尼布甲尼撒二世[①]时期就开始治疗这种或那种病了！想想吧，假如我们跟你说，当今某些中国运动员力士参孙[②]般的气力，源自多少个世纪以前帮成吉思汗打天下的补药，这难道不是很具有说服力吗？当然，会有很多持怀疑态度的人嘲笑这种广告文案，但我敢保证，总体来说效果一定不错。

在任何一个地方为专利药品准备广告文案都不难，但在中国比其他地方更轻松。在这里，获取真实的推荐语十分容易，也没有人指望为此获得报酬。如果你能引诱中国人尝试你的药剂，而这种药的确能够缓解或治愈他的疼痛，他就会乐意写封信给你，正好用在广告里。实际上，推荐信有时候会主动送上门来。几年前，我们为英国一家可可粉制造商推出了一场大型广告运动，他们想让中国人都喝上热可可。热可可对中国人来说完全是陌生饮品，我们鼓励人们寄三十分钱邮票来换一听足够冲十二杯的热可可粉，我们就这样解决了量大惊人的试用装。我们邮寄每一听时都附上热可可的冲调方式介绍。但为了确保这一重要细节不发生误会或差错，我们几天后又寄了一份指南，在那封信里，我们礼

---

① Nebuchadrezzar II（约公元前 605 年—前 562 年在位），巴比伦国王。——译者注
② Samson，《圣经》中记载的以色列士师，力大无穷。——译者注

貌地表达，希望收信人已经尝了热可可，希望他喜欢。

第一份回应来自杭州一位铁路官员。他称，他备受失眠和消化问题困扰多年，每天都要大量饮茶才能保持清醒。试了我们的热可可后，他买了一听标准装，不再喝茶而改喝热可可了，现在他用新饮品已有两周，睡得香，消化道有所改善，这么多年来从

给成吉思汗来杯补药

没这么好过。

让一个广告代理商一大早在邮件中发现这样一封信，简直就像在一袋铜板里意外地发现了一块金子。在接下来的一周里，我们又收到了几封，这几封和头一封的思路十分相似。依我之见，广告还能打出新卖点，我们可以强调热可可促进健康。但这听起来好到令人难以置信。为了确保我这么做是有道理的，我拜访了

一位医治中国人二三十年的传教士老医生,把那些信拿给他看。他说他一点儿也不惊讶。尽管中国茶性质温和,大量饮用却依然会导致神经紊乱,引发失眠和消化问题。以热可可代茶,自然能够调节这些症状,此外,热可可还能为中国人提供一些他们饮食结构里可能缺乏的元素。

我们似乎不必再犹豫了。增进健康变成了我们整场广告运动的卖点,我们备好热可可受益者的照片,连同他们的推荐语一起刊印出来。写信给英国制造商告诉他我们的所作所为时,我们非常自豪。可惜,我们的热情并没有引起这位制造商的共鸣,他一点儿都不赞同我们的做法。他信中带着贵格教徒[①]的节制,字里行间却流露出尖刻。他颇受赞誉的老公司被我们这种厚颜无耻的广告商拖下泥潭了。他没有再给我们任何机会,转而将广告代理交付另一家公司,他认为托付那家公司维持公司的响亮声誉更值得信赖——销售机遇遭受多大的损失也在所不惜。那是十五年前的事情了。随后,形势发生了变化。如今,许多生产商都会在广告中突显热可可缓解失眠的卖点。

---

① 又称公谊会或者教友派,基督教的一个派别,反对暴力和争端。——译者注

米饭、鱼翅、燕窝汤

第十四章　鱼翅和皮蛋

尽管让每个中国人每天买个苹果只是诱人的统计学愿景,许多外国制造商却通过坚持不懈的广告,让许多外国食品在中国实现了不错的销售额。听装牛奶是最先被引进并作为婴儿食品逐渐被接受的产品。由于尽可能多生孩子是每位妻子的义务和愿望,而奶娘供不应求,于是听装牛奶便顺应实际需求大受欢迎。由于这个国家人口密集,耕地面积广阔,草场不多,奶牛很少,中国所有聚落的当地牛奶供应量加起来还不能满足英格兰一个大镇的需求。听装牛奶和各类乳制品在中国各地均有出售,但牛奶从未被视作饮料。牛奶饮用者仅限于儿童和病人,没有中国人是出于个人喜好而喝牛奶的。我希望几年后将不再是这种情况,因为我们刚启动了一场推广巧克力及草莓口味牛奶的广告运动。既然中国人爱喝甜汽水,我们对成功还是有把握的。

让中国人吃葡萄干,我们的确立了大功。十五年前,葡萄干在中国并没多少人知道,但现在那个装着全世界最著名葡萄干的小红盒子差不多在每个城市的商店货架上都很常见。

刚开始推广葡萄干的时候,我提议组织一场蛋糕烘焙大赛,要求在原料中使用葡萄干,交来头等蛋糕的人将赢取现金大奖。这是我头一回尝试这种事情,直到参赛作品堆积如山,我才意识到中国人赌一把的本能是多么强烈,他们抓住以无换有的机会是多么热切。大赛截止当天,我去见客户,发现他被淹没在蛋糕的海洋之中。

"这麻烦是你给我找来的,"我的客户说,"现在你来解决它。你已被提名并全票当选为本次大赛的唯一评委,所有蛋糕都将在一个小时之内送到你的办公室,不用归还。"

我必须承认,提议举办这场比赛时,我并没有想到该如何甄选赢家。所有蛋糕都堆在我办公室展示,占据了每一张可用的桌子,我盯着它们找灵感,却一筹莫展。我的中国员工们也帮不上忙,不过他们中有一个人提议,我们应该先将如下几位的参赛资格取消:几名递交布丁的,三名交了清蛋糕的,以及其他几位没用葡萄干反而用黑加仑或李子干替代的。这些都扔出去了,仍然还剩五百多个蛋糕待评价,而评判它们的唯一方法是品尝。

我正犯愁时,一位黄包车夫来到了办公室,他像肉铺中的饿狗一般闻了闻蛋糕。我请他自行取用，他仔细地看了一遍所有参赛品，嗅了几个，然后挑了一个自己最想吃的。我的难题解决了。我请他五点过后尽快带五十位同伴来办公室，他们可以把自己想吃的蛋糕全吃了。他立即建议将派对推迟二十四小时，因为当天大家都吃过东西了；遇上这种盛宴，他们应该有机会先饿上二十四小时，这样就能充分发挥战斗力——大部分中国人应邀赴宴时都会这么做。这听起来非常有道理，于是派对推迟了。

次日，黄包车夫们都来了。大部分人都修了面，还穿上了最干净的衣服。所有人的举动都和第一位差不多。他们并没有不加选择地大吃大嚼，而是先仔细挑选，看起来非常公正，他们大部分都会先轻咬几个，才会决定最想吃哪一个。即便是在最理想的环境中，蛋糕评鉴也无法达到科研般的精确，所以我的方法和其他的评定方法一样有效。哪些蛋糕最受欢迎，很容易就能看出来，名次就这么出来了。人脆弱的胃是有限的，撑不下了，黄包车夫们主动停下，我宣布品评结束，请他们把剩下的蛋糕带回家。在此后几个月里，路遇黄包车夫带着异常的喜悦冲我咧嘴

黄包车夫评蛋糕

笑,我就知道他一定是我那场蛋糕宴的客人。

我没告诉客户我是怎么品评那些蛋糕的,一两周后他主动问起。

"啊,"我说,"我直接把那五百个参赛作品各咬了一大口。你觉得我还能怎么办呢?"

我们推销葡萄干并不是向中国人引介新食品。大约在基督时代,阿拉伯商人就已经把葡萄干带入中国了,此后,中国北方就开始栽种、风干葡萄。葡萄干在中国并没有大批量生产,也不是家家户户都吃的东西——直到加州葡萄干种植商在我们的帮助下展开猛烈的销售攻势。营销环境非常理想,因为尽管中国人和其他人一样爱吃各种糖,但他们的一日三餐却不含甜点。从另一方面来说,我相信,中国人均糖果店数量比其他任何国家都多,因为中国人喜欢在正餐之间吃小食。说服他们并不难,可以告诉他们,吃葡萄干里的糖最纯、最经济,葡萄干所含的铁元素有益健康。

但我不相信广告攻势可以改变中国人的饮食。其实,我不明白为什么会有中国人希望改变自己习惯已久的饮食,除了极其贫穷的人家之外,中国人大都享有多样化的膳食,烹饪技术也比普通英美人强得多。就我个人来说,我最享受中国大餐了,倘若能确保余生只吃中国菜,我就会觉得未来一片美好。我的确会想念咸牛肉卷心菜、牛排腰子布丁以及焗豆热玉米面包,但糖醋排骨、北京烤鸭以及广式西葫芦炒鸡肉完全能够弥补。持这种态度的并非只有我一个,差不多所有在中国住了一段时间、已经冲出了狭隘国家偏见牢笼的外国人都有同感。实际上,我很乐意从另一个角度来看待这个问题,我会胸有成竹地在英美发起广告运动，推广改良式中餐。如果能被广泛采用，那么比起他们现在的饮食，这两国人民将会享受到更健康、更经济的饮食，那是他们做梦也想不到的美味大餐。在外国生活的少数中国人吃上了外国菜，但他们只是偶尔尝鲜，或摆个姿态，并没有将西餐当作固定饮食，也不是因为喜欢而吃。我认识的一位中国人非常迷恋荞麦薄饼和枫糖浆——那种美国人拿来当早餐、本杰明·富兰克林（Benjamin Franklin）试图在英国推广未遂的食物。这样的食物在英国始终没能流行起来，在中国更是没有走红的机会。在中国唯一存在稳定需求的外国食物是麦片粥，但这和米饭做的中式粥太像了，用于早餐只能算作稍加适应，谈不上接受新口味。

一位见多识广的中国朋友在许多国家生活过，最近他告诉我，他的理想生活就是做一名娶上日本太太、吃着中国菜的美国公民。他是这么想的：作为美国公民，他可以在机遇方面尽情驰骋，而日本太太是最忠诚、最专一、最任劳任怨的贤内助，而中国食物则是全天下最棒的食物。这三个理想中，他必须要满足的是最后一样，他说，这毕竟是三者中最重要的。

如果你向不在中国居住的普通英国人提及中国菜，他要么完全一头雾水，要么就会调动少得可怜的知识储备联想到鱼翅、燕窝汤和皮蛋。这些食物并不能让不懂精致的盎格鲁-撒克逊人流口水。这几种我都吃过，下次赴宴看到它们我也会继续吃，这倒不是因为我特别喜欢，我仅仅是不介意它们的味道。况且，倘若我不用筷子把桌上所有的菜都夹一遍，主人家发现了会觉得是一种冒犯。这同我不得已时可以接受欧洲萝卜是一个道理。如果鲨鱼味没那么重，鱼翅汤或许还行，燕窝汤我喝不出什么特别的口感，但皮蛋我感觉有点儿难以接受。顺便提一下，这些蛋经过腌制后硬化，便于保存，它们的口感和模样，更接近于奇怪的乳酪。皮蛋并不是古董①，腌制过程一个月左右即可完成，如果存放超过一年之久，完全是因为没找到买家。久放并不会让它们变得更值钱；实际上，如果保存太久还会脱水，从而导致无法享用。关于皮蛋年代久远的传闻，应该是出自老水手们的怪谈，随后又被偷懒不愿查证的小说家和冒险作家直接盗用，为自己的故事增添异域色彩。我曾将皮蛋切片做三明治，以芥末酱打掩护，拿给一位容易神经过敏的朋友吃。刚开始他还挺喜欢的，直到上层面包片掉下来，他看到了里面的东西。就像我之前提及的那样，我不喜欢皮蛋。口味说不上恶心，只是怪异。但既然我曾毫无痛苦、自然而然地喜欢上了林堡干酪②、法式蜗牛、生鱼片、苏格兰威士忌以及荷兰杜松子酒，习惯皮蛋的味道应该也不算难事，或许日后还会渐渐喜欢上。

但这三种，还有游客们会大谈特谈的其他许多食物，在中国餐桌上并不常见，它们不便宜，差不多可以被列为新奇玩意。有很多英国人也没吃过鱼子酱、水龟肉或帆背潜鸭，然而这些东西在英国的常见程度和食用者比例，比中国鱼翅汤和燕窝汤的食用者比例要高得多。皮蛋更常见，但同样有许许多多的中国人从未

---

① 原文 ancient egg（古老的蛋），如今多作 preserved egg，但皮蛋在英文中依然会被称作 century egg（世纪蛋）、hundred-year egg（百年蛋）、thousand-year egg/ millennium egg（千年蛋）。——译者注
② 这种干酪原产自比利时林堡，散发出极强的刺激气味，因此很多人不敢尝试。——译者注

尝过——他们在中国所占的比例大约同英国从未尝过罗克福尔干酪[①]的人比例相当。

另一种大部分外国人都听过、不少人也尝过的中国菜是炒杂碎。它被一些人奉为"中国国菜",通常还被认为是中国的老英格兰烤牛肉。然而,真相是这样的:我们所知道的炒杂碎,不仅不是中国的国菜,甚至连一道中国菜都算不上,没有中国人吃它。中国人只知道一种炒杂碎,那就是广东乞丐讨要来的简陋混搭菜。广州乞丐端着大容量的饭碗,挨家挨户讨食,发善心的家庭主妇将家里零零碎碎的剩饭剩菜倒给他们。由于乞丐要走访好几家才能填满饭碗,他通常会收集到不同种类的肉和蔬菜,然后再躲到阴凉的角落,用筷子搅动这一堆混合物,开始用餐。尽管这种食物的缘起十分卑贱,却不见得与不健康或难吃挂钩。不过,全体中国人对它自然还是持有偏见的。

中国著名外交官伍廷芳博士曾对我说起这道乞丐菜是在怎样的特别情形之下成为世界多地外国人的心爱异域菜肴的。加州发现金矿使得数千中国人奔赴旧金山,一些人去金矿工作,但更多人还是通过在不同行业耕耘慢慢积累财富。有很长一段时间,旧金山的鞋子和雪茄都是中国人制作的,木匠大部分也是中国人。发现金矿后,城里聚居的华人越来越多,足以撑起几家广东厨师开办的饭馆,这些馆子只为中国同胞们提供食物。有些白人从老水手那里听过这些留辫子的黄种人吃什么,于是某天晚上,一群矿工决定尝尝那些奇怪的食物,想看看到底是什么样的。

[①] 一种产自法国罗克福尔村的羊奶蓝纹干酪。——译者注

他们听说中国人连老鼠都吃，想考察一下是否属实。他们去餐馆时，常客晚餐用毕，店主准备打烊。但矿工们说要吃饭，店主不想招来麻烦，急着要把他们打发走。他走进厨房，将自己中国老主顾吃剩的食物都堆在一起，浇一层中式调味酱，把这盘东西端给了这群不速之客。他们听不懂广东话俚语，所以当店主说他们吃的是炒杂碎——即"乞丐碎食"的时候，他们不知所云。

不管怎么说，他们爱上了这道菜，又成了回头客，炒杂碎就这样站稳了脚跟。接下来，中国人从炒杂碎里赚的钱，比挖金矿赚来的还要多，数千华人几代都在发笑，因为每盘炒杂碎都是拿外国人开涮。能吃到炒杂碎的中餐馆遍布世界各地大城市，唯独中国的饭店里没有。我们的中国厨子之所以会做，是因为我妻子曾参照某本旧金山美食书教过他。他尝过一点，却说不喜欢。他老家在长江流域，所以任何与广东有一星半点关联的事物他都不喜欢。有一个荒唐的说法称，这道菜是李鸿章大人在美国推广开来的，但我们可以有把握地说，这位有权有势的中国政客富足而挑剔，绝不会吃什么"乞丐碎食"。早在这位李大人环游世界之前，旧金山就已经开始上这道菜了。伍博士告诉我，他曾在华盛顿一次公使馆晚宴上摆了这道菜，但仅仅是因为美国人似乎在期待它的出现。我深知这位老先生在提高个人关注度方面颇有天赋，所以我强烈怀疑，他早已料到这道菜会登上各大报刊头版。

关于法国大厨和中国大厨谁技高一等，专家们意见不一，但那些把头等奖颁给法国人的，无疑会把二等奖颁给中国人，人们普遍认为，如果开展比赛，合乎逻辑的做法是还要评第三名。但这个卑微的名次只能颁给比法国人或中国人差一大截的厨师，所以没必要费尽周折去评选季军了。美国人被提名了——主要是他们自己提名的，但若将厨房经济列入考核依据，他们肯定会被踢出局，因为他们是全世界最浪费的大厨。美国厨房浪费的食物可以让一个中国大省吃到饱。英国人通常喜欢在各行各业标榜自己的威望，但我注意到有一件事他绝不会拿出来争论：英国烹饪的优越性。

基督时代前，中国人就早已在采食过程中探索自己可以嚼碎吞下的各种食物了。他们没有习惯性偏见，也没有宗教忌口。佛教禁止杀生，因此也不许吃鱼和肉，但在佛教从印度传来之前，中国人的厨艺已臻完善，饮食习惯也早已确立。需要守斋吃素的佛教徒在中国人口中占很大的比例，这为中国厨师出了一个巨大的难题：向一个已经习惯了吃肉的民族提供能够接受的纯素饮食。中国各地遍布庙宇，表明这位温和的圣人信徒甚多，可我坚信，倘若中国厨师没有成功地解决这个难题，我们今天或许就不会看到如此多庄严宏伟的寺庙和寺院了。中国厨师将素食做得如此可口，接受起来非常容易，持续的斋戒变成了持续的盛宴。伍廷芳博士是素食者，并非因为信佛，而是因为华盛顿某位热衷于新潮食物的女士劝他说食素可以延年益寿。我就是在他家里第一次吃到了中国的全素宴，非常美味。但直到我妻子和我在某次圣诞假期时受一位寺庙住持招待吃了一顿丰盛的素宴，我才意识到精湛的厨艺居然能够让素菜体现出肉的口感和外观。如果我不知道只有素菜才能进寺庙厨房、虔诚的老住持宁愿自行了断也不会在自己的餐桌上舀一勺鸡肝汁，我可能会以为这只是一顿尤为丰盛的普通中国大餐。不同菜肴不仅有着肉类的口感，还有着相似的质感。既然吃肉是罪过的，我很好奇，为什么在桌上摆出如此罪恶的外观并不会让这场佛教素食盛宴变得罪恶，但当我提出这个问题的时候，老住持不明白我在说什么，因为佛教教义并未提及避免罪恶的外观。有一些基督教新教派别将食素作为信条，却厚着脸皮享用带有罪恶外观的仿制猪排以及其他类似食物。我很想问问他们，用《圣经》教义该怎样解释。我预感一定能够得到一个精彩的答案，但也会暴露我思考愚蠢问题的罪人本质，可我还是想试试，毕竟我真的十分好奇。基督教神学家以擅于诠释而著称，佛教徒也不甘落后。这位住持向我解释佛教禁止杀生的教义，为了方便我理解，他抛弃了形而上的内容，只是简单地向我阐释了各种生灵是多么无害，以及它们造福于人类的种种好处——哪怕不是作为盘中餐。他拿公牛和马匹举例，这很容易，他把大鼠和小鼠也夸得好过了现实，所以我向他问起蚊子。

"人类应该感激蚊子，"他说，"因为它们拯救了许多人的生命。盛夏酷暑，在地里干活的劳动者很疲惫，躺在阴凉地休息。有时候他们会睡着，睡了太久会着凉生病。但他们睡不了多久，因为蚊子会完成慈悲的使命，把他们叮醒。"

我们在寺院里住了两周，却并没有整日靠素食过活，我们自带口粮，其中包括用于活跃圣诞气氛的各种食物和饮品。我们住在寺院侧翼，在众多屋子中，我们厨子挑了一间设作简易厨房。即将启程返回上海时，我不再担心提问是否会制造麻烦，于是就问住持，为什么他如此宽容地允许我们带肉进来，更别说杜松子酒了。他的解释和他对蚊子美德的解释一样令人愉悦。他回忆起两年前，我差不多是逃难来寺院的，那时我的船屋在宁波的湖面上,台风来袭,我只能弃船逃向目之所及的唯一庇护所——寺庙。他说那时他就知道,在我仆人拖拽的众多储备里很可能有罪恶的肉类,他应该拒绝我们将肉类带入,但我是外国人,身体又不好,他害怕剥夺了我的日常食物会对我的健康造成伤害。于是他什么都没说,后来也没发生什么严重的后果。不仅如此,寺院香火还越来越旺。这座寺院已有五百年的历史,而我是第一个在其屋檐下过夜的外国人,他们觉得这种好运部分来自对我的照顾。此外,我这个外国人的表现也不像他们所担心的那样,面对仪式,我表现出尊重,也慷慨地拿出了修缮庙宇的功德钱。他说他将我视为俗家弟子看待,虽说我有罪孽,他还说随时欢迎我来,哪怕我吃着烤火鸡、煮火腿,喝着威士忌,但他警告我不要怂恿更多外国人来。

中国人探索了不同气候类型中的食物,从亚热带的广州到半极地的西伯利亚。在这里能找到多种多样的兽类、鱼类、鸟类、昆虫、水果、谷物、坚果、块根和绿叶蔬菜,中国人把它们都尝了一遍,变着花样烹调,用能想出来的各种调料增添滋味。饥荒时期,对食物的搜索更加迫切,范围也扩大了。第一个吃牡蛎的人未能名留青史,自然也看不出他的国籍,但我强烈感觉他是个中国人。无论如何,在英国人学会喝茶、喝咖啡之前,中国人早已对牡蛎了如指掌,他们会把它做成牡蛎干以便保存。上海唯一的牡蛎店——也就是专门出售牡蛎的店,位于福州路中餐馆区附近的一栋老房子里,那里只卖干牡蛎。我不打算在此详细描述怎样在牡蛎腐烂之前把它们风干,但的确有办法可以做到。

尽管中国人搜遍了地上跑的、水里游的和天上飞的食物,却没学会享用乳制品。在外国人告诉他们牛奶的功用之前，他们的饮食中既没有牛奶和黄油，也没有乳酪。现在大量消耗牛奶的是婴幼儿和老年人。中国人用大豆榨汁，制成一种完全可以接受的牛奶替代品。豆奶看起来很像牛奶，喝起来也有点像，它具备牛奶的主要营养价值，价格却只是牛奶的几分之一。中国人对黄油没什么感情，说不上喜欢，也说不上不喜欢，他们用不上黄油，所以也不用。

他们讨厌乳酪，在任何情况下都不肯吃。就算有人吃，乳酪在中国也不会流行，因为它在中文里稍做扭曲就可以一语双关，变成某种不适合人类食用的东西。① 无数次内战让上海十年的生活多少有些刺激，某次战争中，一群人数逾千的饥饿战败士兵丢下武器，在公共租界避难。在那些紧张而忙碌的日子里，上海几乎每个身强力壮的外国人都充当了义务的军人或警察，我作为后者参与其中，有段时间曾被分派看管难民营。我只需要保证避难者们不逃跑就可以了，这很容易，那是他们最不想做的事情。然而，他们已经两天没吃东西了，饥肠辘辘；我向到来的第一个人求助，那人恰好是一名英国陆军上尉。他立刻忙活起来，不到半小时，我们就凑齐了几百听乳酪和饼干，这是他想尽办法从英国军需商店找来的。我们开了几听，向避难者们演示如何打开，以为他们会立刻开始狼吞虎咽。结果他们一见乳酪，嗅到它的气味，就立刻发出了痛苦的咆哮。这种失望，就好像是我们给了他们一听硬邦邦的打火石。片刻之间，英国陆军上尉和美国业余巡

---

① 当时上海多作"起司"，此处或指该词在吴方言中的不雅谐音"鸡屎"。——译者注

捕似乎要经历一个惊险刺激的上午了。但我们缓和了局面，我迅速与附近一位中餐馆店主草草做了一笔很不专业的交易，用这么多听乳酪换了几千只蒸饺。交易完成后，我们看管的人群吃起饺子。英国上尉欢快地评价道，他猜我应该知道自己已经犯下重罪，我贩卖了国王陛下军需商店的物品；他说幸亏我是个业余美国巡捕，假如我是英国士兵，他就不得不把我举报到军事法庭。在此期间，他手里一直拿着那听乳酪，我们手头也没别的食物，就把它当早饭吃了。这些避难者们大吃一惊，他们完全想不通，为什么眼前有蒸饺，还要吃那么恶心的东西。

我希望乳酪制造商们可以读到这些段落，让他们明白自己的产品在中国绝对没有市场。我不介意他们来信问我乳酪在中国的市场潜力如何。鉴于市场毫无前景，这些信回复起来一定很快。问题是，我确信他们谁也不会相信我。要想让乳酪制造商相信地球上居然存在不吃乳酪的民族，简直比登天还难。

1923年春，一群山东土匪劫持了一列从上海开往北京的火车，他们把整车乘客——约有三十名外国人和几百名中国人——都掳回了老巢，让中国土匪前辈们此前的大事记相形见绌。他们被掳走后，将近一周毫无音讯；实际上，关于这些人质，我们只知道他们除了穷乡僻壤的糙食之外别无供给。由于大部分外国人质长期驻沪，其中包括来自几个不同国家的名人，上海城里人们的情绪激动到了前所未有的地步。

我恰好在寻找借口逃离上海去度假，而这次令众人神经紧绷的打劫，让我轻松地说服了美国红十字委员会的同事们，他们同意让我去土匪窝与外国人质取得联络，以及运送食物、衣物以及药品。我还没怎么同土匪们交涉，还没开始定期为外国人质们组织运送物资，就有一位当地军阀派他秘书带了一捆总额三千美元的钞票来见我了，请求我顺便也为那些中国人质捎上食物、衣物和药品，土匪自己也很穷，所以人质从他们那里不会分到多少供给。继这名军阀的第一次捐款之后，我又陆续收到多笔捐赠，所以没有出现资金短缺问题。一个月后，军队封锁了整片土匪活动区，彻底切断了他们的补给，中国政府又委托我把这两千名土匪也喂饱，这样他们就不会因为挨饿而夺走送给人质的物资了。至此，他们一直恪守诺言，保护捐赠物资，尽管下手的诱惑一定非常强烈，但没有任何物资被偷。这项工作让我在土匪活动区待了六周——简直想象不出来更有意思的假期了。我了解到了土匪的种种手段和职业道德，虽然对我来说可能永远都不会派上用场。此外，我也对中国的日常生活开支有了更多了解。

基于这次救济工作，加之对当地人饮食和物资开销的调查，我得出这样一个结论：任何一个中国人都能用五元中国货币支付每月食物、衣物和住所的开销，我也能这样过活，然而我这么做得不到什么乐趣。按当前汇率来看，这个数目约等于六先令。我的数字或多或少源自推测，但随后我心满意足地得知，知名教会高校齐鲁大学[①]开展了一项同类的大型调查，他们的数据恰能证实我的结论。他们估测，每人每日的伙食费是中国货币 15 分，相当于 2.5 便士，那么每人每月用于衣物和住宿的只剩 50 分钱

[①] Shantung Christian University (Cheeloo University)，中国最早的教会大学之一，1952 年被并入山东大学和山东师范大学等高校，原校址为今山东大学趵突泉校区。——译者注

了，消费余地并不大。但这所大学的调查对象包括了一些较为富足的中产阶级家庭，他们无须刻意控制食量，也会吃一些非必需的昂贵的调味酱。

下表显示的是根据该校调查得出的山东的中国人各类食物重量百分比，并附有典型的英国饮食结构百分比作为对照。

	中国百分比	英国百分比
面包、谷物和豆类	71.00	10.14
水果和蔬菜	23.00	44.00
肉类和鱼类	2.30	13.00
黄油、脂肪和糖	1.20	7.60
蛋类	0.70	2.30
牛奶和乳酪	0.00	22.00
其他食物	1.80	0.02

表格中没有出现大米，可能是读者们发现的第一件事。有一个流传较广的误解——大米是全中国人的必备食粮。实际上，米饭是长江以南居民的主食，但在非水稻产区的北方却不是。从上表来看，食物种类似乎很少，实际不然。小麦不仅能烘烤面包，还能制作出面条、通心粉、意大利细面条和饺子等各种面食。绿叶蔬菜有 29 种，豆类 15 种。详细报告表明，人们也会吃一点爱尔兰土豆，重量约为新鲜水果消耗量的一半，为河虾消耗量的六分之一。爱尔兰土豆是被沃尔特·雷利爵士[①]从弗吉尼亚带回自家爱尔兰庄园种植的，故得名。这种土豆又从他的庄园传

---

① Sir Walter Raleigh（1552—1618），英国探险家、作家。——译者注

至欧洲各地，后被荷兰人带到中国。在西藏，它被称作"荷兰小麦"。在中国许多地方都可以发现小片的土豆种植区，但我从没听说过中国某地会将土豆作为重要菜品或主食。另一种原产于美洲的食物——玉米更受欢迎。山东居民吃玉米多于吃大米。

齐鲁大学的另一份食物消费报告也很有意思，它呈现的是中国人与美国人平均伙食开销百分比的对照。我没有英国数据可供参考，但英美数据应该不会存在本质性的差别。

	中国百分比	美国百分比
肉类和鱼类	6.00	23.00
牛奶	0.00	10.00
蛋类	2.00	5.00
面包、谷物和豆类	72.00	13.00
黄油、脂肪和糖	4.00	15.00
水果和蔬菜	14.00	16.00
其他食物	2.00	7.00

研究一下这些充分而有力的数据例证，几乎任何人都会确信，英美人的确应该接受改良版中餐。这或许无法让食品账单降到每月六先令，却可以使开支减半，也不会有人挨饿。如此一来，胖女士越来越少，窈窕身姿越来越多，就医开销随之降低。但从另一方面来看，想找到能劝动中国人改变饮食结构的论据，谈何容易。

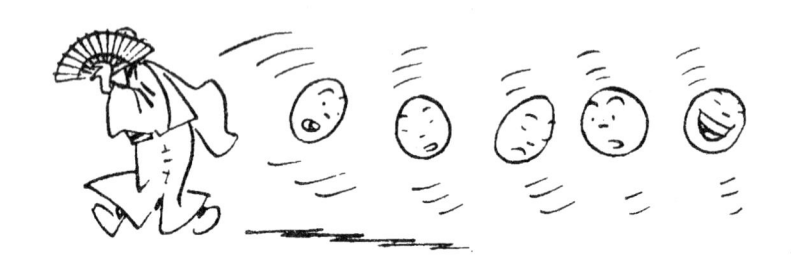

在中国，面子事大

第十五章　保面子，丢面子

尽管"face"不算新词，中国人却向英文贡献了它的新含义和新用法。一个世纪或更久以来，这个词的汉学新义原本只有太平洋西岸讲英文的人知道，但1934年它被牛津词典的编辑们正式采用，获得合法地位：

丢面子（lose face），中国人理解为被羞辱。

保面子（save person's face），使其免遭公开羞辱。

这种简短定义只能对面子在中国生活的方方面面中所扮演的重要角色起到小小的提示作用。它包含了一套人类关系的行为准则，规定每个人在任何情况下都要帮助自己的同胞维持自尊、昂首挺胸。从某一方面来讲，这套宽容和克制的法则，能够让中国人将摩擦减到最少，以在拥挤或竞争激烈的环境中和平共处。一个人的不幸或愚蠢行为的后果，是不能被拿出来嘲笑的，因为那样会让他丢面子。如此一来，就会避免产生敌意。如果一个人在一笔交易中成了失败者，胜者不会乘胜追击将优势推到最大化，而是会向不幸的一方稍做让步，使其免遭失败之辱的刺激。这对个体来说，既是精神激励，也是道德保障，因为每个人或多或少都会凭借本能去避免任何可能使他"丢面子"的言行——即，避免使他遭受公开羞辱。从道德的角度来说，这种准则很容易被指责为虚情假意，因为从很大程度上来说，导致丢面子的并非自身行为可耻，而在于不幸被曝光。

在中国，论及珍视和保卫面子——即个人的尊严和自尊，每个人都不会低声下气。没有哪个忽视了这一点的外国人能与中国人谈成生意。那些知道怎么利用它的人则如鱼得水，左右逢源。每个人的面子都需要被尊重。你可以频繁而尖锐地斥责中国仆人，让他反复做自己搞砸的工作，即便如此，家里也会波澜不惊。但如果斥责他时有他人在场，尤其是有其他仆人在场，那就是另一码事了。这名可怜的仆人"丢了面子"，所承受的痛苦是外国人难以理解的。如果东家依然还在听力所及的范围内将他的短处广而告之，让他丢面子，这家很快就会出现职位空缺了。这名仆欧、厨子或苦力会伤心地说，他需要参加兄弟的葬礼，要请几天假，然后就再也不会出现了。他的朋友随后会出现，帮他取走工资，并解释说那位仆人身患重疾，短期内回来履行职责的可能性非常小,最好另雇一位替代他。上海有许多在外国家庭工作的仆欧、厨子和苦力工资低得荒唐,他们从未想过要求涨薪,却年年都在心满意足地卖力工作。而从另一方面来看,还有很多外国人只能住在大酒店或公寓里,因为他们无法住在别墅里——没有仆人愿意为他们工作,无论工资开多高都不行。在那些家庭工作,本身就让人丢面子,因为他们对待仆人的方式众所周知,接受那些家庭的雇佣就会遭到同行嘲笑。还出现过一些中国仆人企图谋杀外国东家的案件,负责调查此类案件的巡捕认为,大多数袭击皆可直接归咎于丢面子。外国人可能让仆欧或厨子遭受了奇耻大辱,把他们逼到了心生杀机的疯狂状态。时间工作长,干苦活累活,资薪低,有个吹毛求疵或苛刻的女主人——这些他们都能欢快而冷静地忍受,只要不受羞辱就行。

有时,仆人的面子不仅取决于雇主如何对待他,还取决于他对雇主社会身份的认识。我曾帮助一名男孩在一位上海单身汉家里谋取了一份贴身仆人的职位。工资令人满意,可两周后他来宣布自己已经辞职了,正在找其他工作,我非常惊讶。事情是这样的:那个单身汉人生仅有两大乐事——赛马和品威士忌,所以他让仆欧工作到很晚,为他斟酒,然后又让仆欧早起沏茶为他清晨骑马做准备。但让这名仆欧沮丧的并不是高强度工作。这名单身汉在威士忌和马匹身上花了那么多时间和钞票,自己的衣柜却是一片混乱。我忘了那个吓坏的仆欧向我吐露的种种可耻细节,但我记得这个单身汉好像只有三双袜子,其中一双还全是破洞。附近仆人们都知道这个单身汉对衣着满不在乎,常常议论,把这事当作笑柄,因此任何为他工作的人都会丢很大的面子。仆欧说，如果他是因为太穷了没钱买，那是另一码事，但他的寒酸气来自邋遢和麻木，这说明他不是一个正经的绅士。

不同职业会因为它们能让雇员感受的面子而被划出三六九等。银行或许是地位最高的，每个银行的求职名单上都有大量来自显赫家庭的子弟，他们的雄心壮志就是成为一名银行雇员。对他们来说，薪酬不是问题。实际上，很多有钱的中国父亲会通过贿赂让儿子进银行，他为此所花的钱可能比儿子几年的工资还多。这种工作不仅让雇员有面子，也让全家人都有面子。这种渴求有面子工种的心理，让中国产生了一种特有的欺诈性推销计划。所谓的创办人通常宣称自己要开办银行或轮船运输公司，要经历所有的准备工作，并伴随着虚假的股票出售方案——许诺豪华的办公室、别具一格的办公用品等。他可能的确出售一些股票，但这并非主要目的，出售职位对他来说更简单，也同样有利可图。这家筹备中的银行职位被一次次地填满，从出纳员到低级勤杂工，所有职位都要花钱来买，未来职员需缴纳一笔承诺金，用中国话说就是"保证金"。久而久之，等可骗的对象都骗完了，所谓的创办人远走高飞，他受骗的未来员工就再也看不到他了。

虚构一家大公司、出售其中的职位，在中国都是老骗术了，但电影成为时尚后又加了新戏码，我的一群美国同胞运作得非常成功。我自己也曾有机会参与操作这种大骗局。有人请我去他的酒店走一趟，商讨一个大型广告运动，等我见到他，他说他打算在上海开一家美容院，专为中国有钱人家的女儿服务。我不喜欢这个人的面相，知道我们肯定合不来。况且，我也看不出美容院广告能获得多少利润，不过他暗示说，这家美容院与众不同，一定能赚大钱。所以我告诉他,美容院广告并不在我们的常见业务范围之内,找一家中国小广告公司来做效果可能更好。

那时候我还不知道他在策划一场狡猾的大骗局。那家美容院只是他诱捕受害者的陷阱而已,这就是他的运营模式。有钱人家的漂亮中国女孩,首先会成为他的顾客,在她几次消费后,经理会假称自己是从好莱坞来的,问女孩是否想过拍电影。当然,任何一个国家的年轻姑娘都梦想过成为电影明星,被人问起时自然会表示感兴趣,而且受宠若惊。

下一步,试拍几张照片,接下来,恰有某位好莱坞选角导演从上海路过,看到那张照片一眼相中,确信那就是电影工作室正在寻找的女孩——这里有位姑娘方方面面都比黄柳霜[1]要强得多。让中国女孩相信这一点并不难,因为黄柳霜几个月前初次到访中国,中国女孩做过仔细的比较,并不觉得她有什么特别。

这个冒牌好莱坞导演立即邀约女孩签合同,内容光鲜亮丽。然而,在合同正式生效、未来之星拿到约定的高片酬之前,需要先做一些前期准备工作。她必须先进行培训,虽然简单,但成本不低。此后,欺诈就顺着既定轨道顺利进行了,这个女孩的家人会继续交钱,直到发现是一场骗局。诈骗行动在上海持续数年之久,因为骗子被起诉的概率非常小,一旦骗局曝光,受骗家庭会觉得颜面尽失。

组建广告公司时,我上来就遇到了关于面子的难题。当时并没有正规的广告公司,广告业最知名、最活跃的代表人物是那些

---

[1] Anna May Wong(1905—1961),美籍华裔女演员,曾在星光大道留名。——译者注

在空墙上张贴花柳病小传单的苦力。广告业不仅没面子,甚至不会受人尊重。我想聘请一位在美国学过广告课程、曾在纽约一家广告公司工作过一年的年轻美国高校毕业生。他回家之后,家人才知道他选择广告作为谋生行当,听到这个可怕的消息时,全家

当土匪还是当广告人?

都惊骇不已。这造成了极大的恐慌,好比是他宣布自己当土匪或当海盗了。他非常希望加入我的团队,但仍需把我的工作邀约拿到全家人面前去讨论。最终的家庭决定于我不利,他去了一家进口公司工作,工资仅有我给他开的一半。他的工作是负责该司的广告业务,但由于广告并非主要业务,只是公司众多活动之一,

他可以自称是做外贸的，保住全家的颜面。我早期努力的方向之一，就是为广告业长面子，等看到一群中国竞争对手加入广告人大军时，我有时就觉得自己在这个方向或许用力过猛了。这一行声誉不那么好的时候，更有非我莫属的感觉。

如果这些竞争对手抢我们的客户，我的中国员工更在乎丢了多少面子，而不是丢了多少利润。我的确会不高兴，但我相信我比他们要冷静得多。每当有人因为交易出了问题而上法庭时——无论是外国人还是中国人，民众讨论的焦点不在他有罪还是无辜，而是他丢了多少面子。如果印刷商向我们递交了质量很差的印刷品，我们不会跟他讨论公平、诚实和正义的问题，而会向他指出，把这样的印刷品交给客户，会让我们丢面子，客户无疑会拒绝接受。为了挽回我们的面子，他就会重新印制。我们厨师破天荒地一改往日懒散作风，是我们举办晚宴招待客人的时候，因为要是晚宴出了什么岔子，全家人的面子都将遭遇不可估量的损失。我还没结婚时，曾举办过一场宴会，那次在我看来就像是奇迹降临，因为桌上极尽奢华，摆放着既不属于我家的、我也从未见过的银器、瓷器和亚麻桌布。这是由于厨子和仆欧意识到我的器具过于简陋，上不了台面——这一点连我自己都没意识到，所以他们主动去找碰巧要出城的邻居借餐具。这样我的面子就保住了。二十多年前，我从一位伦敦裁缝那里买了几套衣服，十年后我恰好注意到，我的中国裁缝为我做的一件西装也带有摄政街[①]商标。我请他解释这个时空错乱的问题。他说，我丢

[①] Regent Street，位于伦敦中心地带的繁华商业街，有较多高级服装店。——译者注

弃旧衣服之前,他把伦敦商标取下来了,缝在我的新衣服上,因为伦敦商标能让我更有面子。由于除了家里仆人之外没有谁会看到这些标识,我不知道我这面子何时才能体现出来,但无论如何,他是一片好心。我所有的西装都突显伦敦商标,直到这些商标磨损殆尽。

面子让任何一间办公室里的晋升和薪酬调整都面临种种难题。破格提拔任何一名员工都会让其他人丢面子,他们不仅感到耻辱,还会强烈认为有失公允。哪怕是一次破格提拔,都会让原本高效和谐的办公机构乱成一团麻,恶意足以充满诺亚方舟。能干、可靠的员工主动推辞晋升机会并不是稀罕事,因为他知道身边的人都将积怨,都将开始针对他。薪资调整引发的问题也属于同一类。任何一次不涉及全员的加薪都会让人丢面子,引发愤懑和隐秘的敌意。只给一名员工加薪而忽略其他人,这是个很难解决的问题。只有几乎从未应对过中国人力资源问题的新手才不屑于照顾情绪,敢于摆出"干不干随你"的态度。

很长一段时间以来,这种对于面子的迷恋为中国竞技体育的发展带来了看似无法逾越的障碍,无论团队还是个人,都会因为丢面子而感到极大的羞耻感,以至于常规赛程无法进行。看到大势已去,团队甚至会不顾比赛仍在进行中离开场地。由于强健人民的体格是塑造崭新中国的重要部分之一,主事者对此高度重视,经过十年努力,他们动摇了过去的想法。通过举办省级和全国性的体育赛事,让全体参赛者都享有荣光、收获喝彩、受到优越的款待,他们完成了看似不可能完成的任务,塑造了运动员精神,让战败方接受失败时不觉得羞耻——准确说来,是让他们的羞耻感没有从前那么强烈。

直到几年前，面子都还只是私事，它的不同概念皆源自古时候，从未涉及现代生活情境。然而，在主事者的指引下，它将要旧貌换新颜，被广泛运用于改造中国。转变对体育比赛的态度只是其中之一。外国游客见了肮脏的街道来气——尽管这件事毫不关乎他们的个人利益，但居住其中的中国人却好像从未注意到这个问题，他们宁愿一辈子都在跳泥巴坑，也不肯费心填上一个。这回他们将达成一种新共识：街道肮脏不堪，城市就会丢面子，全城居民也跟着一起丢面子。换作二十五年前，我可能会觉得难以想象，但现在中国许多城市的居民的确会因为自己的城市比周边城市干净而骄傲。尽管我们还没有达到西雅图或洛杉矶等地那种趾高气扬的城市自豪感，健康的竞争却已经出现了。过去十年街道的清扫次数超越了过去十个世纪。

但仕宦之途的老传统依然不变。野心勃勃的军阀发动叛乱，反对中央政府的权威。反叛被镇压，有时是荷枪实弹打斗的结果，但更多是军威展示和施展圆滑政治手段的结果。在其他任何一个国家，叛乱将领必然会被剥夺军衔、投入大牢，或许还会因为犯下叛国罪被处决。在中国不是。这些手段会让军阀颜面扫地，就连他的死对头也不会赞同那样做。与之相反。他会得到较高的头衔，然后受命去某个偏远地区执行人畜无害的使命——比如调查潜水艇在瑞士的使用或者海德公园里土豆的生长状况。此类安排服务于一个极其重要的政治目的：避免败北将军的追随者产生强烈的敌意，巧妙地赢得他们的忠心。一些外国公司因故需要解雇一名重要中国员工时也会采取类似措施。该员工会得到晋升，被调往某个分公司，他本人即刻就能读出言外之意，主动辞职，公司佯装遗憾并接受他的辞呈。

同任何虚饰一样，对面子的极度讲究也引发了不少荒唐事。上海汽车牌照从来不换，车主年年使用同一个号码。由于第一个注册牌照为一号，新数字根据购车顺序排下去，数字小，则说明车主是上海较早使用汽车的人之一，说明致富早，且一直大富大贵。早先买车的都是外国人，因为在中国人眼里，汽车是昂贵而危险的大玩具，所以他们接受较慢。但如今拥有较小数字牌号的车主都是中国人。汽车开始流行之后，中国人瞅准时机买下牌号靠前的二手车，许多外国人按说出不了手的破车居然卖上了好价钱。

中国富商觉得，晚一点去办公室很有面子，这证明自己不是准点打卡的打工仔。于是一种传统形成了：商务拜访应该在下午进行。午前拜访中国人，就像是在暗示受访者十分卑微，需要像保洁一样早早地去办公室。这种传统雷打不动，早上拜访十分罕见，任何稍有身份的中国人上午来见我，我不禁会想到底是遇上了什么紧急事能让他破例。中国没有大规模发行的午后报，对此我只能想到一个原因：早报太流行了，中国商人上午去办公室之前读报的时间非常充裕。

黄包车夫的租金高得令人震怒

第十六章　神圣的饭碗

除了顾及同胞的面子，中国还有另一件与之相辅相成的大事。你万万不可让人丢面子使其蒙羞，也万万不可摧毁他谋生的机会，用形象生动的中国话来说就是，不能"砸他饭碗"。在商务活动中占尽他便宜不算大问题，把他的价格压到最低，接着要求打折、返还、发补贴，这也不算大事。但让他一贫如洗，让他承受不必要的损失，利用法律细则逼人太甚，坚持让人在走投无路的困境中履行合同义务——这些都被视为极其不人道的可怕行径。生存权是与生俱来的，剥夺同胞这一权利的人无异于食人族。从整体来看,中国诉讼案少得惊人。原因之一是大部分商务交易都在亲朋之间完成,强大有力、组织有序的行会通常也能友好而理智地协助所有争议的解决,无须诉诸法律。另一原因则是,无论一方在争议中占据多少优势,无论对方亏欠他多少,他也很少选择通过起诉强行索赔或讨要能让对方破产的大账目。那些上了法庭的案子通常渗透了强烈的怨恨,因为双方请律师前肯定都已经气疯了,忘记了友谊、面子和饭碗是什么。

我们也不能假定中国人的生活中完全没有贪财这回事,因为它的确存在,夏洛克是有的,尽管没那么常见,而且遭众人厌恶。中国流行的民间故事中有很多讲贪婪老头的,他们最后都没有好下场,故事里守财奴的财富总会不翼而飞。孔夫子将人的年龄分为三段而非七段①,警告老年人要戒贪②。在中国,《威尼斯商人》(*The Merchant of Venice*)是业余剧团最爱排练的莎剧,部分出于夏洛克这个恐怖角色的刺激感,部分出于中国女孩喜欢出演鲍西娅。这是一个她们完全能理解的外国女性角色,因为鲍西娅完全可能是个中国女孩。我觉得他们跟夏洛克这个人物太较真了,有位中国朋友告诉我,他不太能理解为什么夏洛克坚持要取一磅没有经济价值的人肉。如果那个犹太人要求给一磅猪肉,他理解那个场景就会容易得多。

在西方人眼里,中国人对同胞饭碗的体贴已经到了不合逻辑的荒唐程度。外国公司或许有一名蠢到家的雇员,效率极其低

---

① 这种划分源自莎士比亚《人生的七个阶段》(*The Seven Ages of Man*)。——译者注
② 《论语·季氏》第七则:"孔子曰:'君子有三戒:少之时,血气未定,戒之在色;及其壮也,血气方刚,戒之在斗;及其老也,血气既衰,戒之在得。'"

下，但他的表现难以被人察觉，外国经理甚至可能都注意不到。这是因为公司里的每一个人，包括本该直接开除他的中国顶头上司，都知道他无能，却会为他掩盖失误，代他完成工作。当然，如果他在那里工作了很久，办公室有亲戚朋友，那么就会比新员工享有更多的关怀。但这种感情多少是有的，只是程度问题。在这方面，我们的一位客户几个月前经历了颇具启发意义的一件事。经济萧条时期，他不得不裁员。和高管们商量该裁掉哪一名员工时，让他惊讶的是，他们一致认为应该把办公室最优秀的职员之一裁了，却执拗地反对解雇庸才的提议。他刨根问底终于发现，解雇优秀员工不会让他们心有不安，是因为他可以毫无困难地再找一份新工作，但他们深知，如果较蠢的员工被裁了就很难再找到新工作。

由于生活在菲律宾的华侨几乎全部来自中国南方港口城市厦门，两地人员往来频繁，美国政府曾在厦门设立卫生处做移民体检，以防传染病流入菲律宾。健康数据对公共健康服务机构工作人员来说就是衣食父母，厦门没有数据，卫生处的医生十分焦虑。实际上，中国城市的健康数据都是几年前才开始统计的。华盛顿要求上报数据，他用自己发明的办法着手搜集。他命一名助手每周遍访城里的棺材店做调查，统计棺材的销量。他假定售出的棺材数量能够相对准确地反映死亡人数，假如这一点没错，通过这样的方式就能追踪评估流行病传播形势。他用这种简单的原始方法搜集重要数据，每年霍乱和鼠疫开始前就着手统计，以此确定厦门的正常死亡率，等这两种致命疾病流行起来时，如他所料，棺材销量走高，他就要在图表上标出不祥的曲线了。

凉爽的秋天终于到来,霍乱和鼠疫都结束了。医生本以为自己的数据会返回常态,棺材的销售数量会减少,但每周报告显示,棺材售出的数量和疫情严峻时期一样居高不下。这不合逻辑,非常离奇,他知道疫情已经结束了,这座城里只有常见疾病。亏得一位善解人意的中国医生相助,他全面调查,终于弄明白了事情的原委。一位棺材制造者是这样解释数据的:他们知道那名查看棺材销售额的中国人是在为一位美国医生收集鼠疫和霍乱的死亡数据,他们担心,假若报告显示这些疾病在城中销声匿迹,那人会丢饭碗,所以继续上报与从前一样的数据。等医生向他们保证,职员的工作不会因为上报的棺材数量而受到影响,他们便同意今后如实报告。

从近期上海黄包车的一些棘手状况,就能十分清楚地读懂中国人对饭碗这个话题的态度。多年来,上海黄包车夫都是备受压迫、被踩在脚下的体力工作者,拼命工作才不至于饿死,而黄包车的主人,则通过向车夫收取高得惊人的租金获得高额利润,积累大量财富。除了极少数参与剥削的,上海每一个思考过这个问题的外国人都认为黄包车主是一群穷凶极恶的狼,同情辛苦工作、薪酬极差的车夫。数年来,不同外国组织不时会为救济车夫组织抗议活动,但尽管他们竭力争取中国人的支持,中国人却从不参与其中。实际上,中国人似乎对这个话题一点儿都不感兴趣,他们不理解外国人为何劳神。几年前,情况非常糟糕,管理公共租界事务的工部局最终发起了旨在改善黄包车夫生存状况的计划,减少车主收取的租金,使车夫能够维持生计。在该计划讨论期间,生活在上海的外国人几乎无一例外地热忱支持这场运动，但中国人也几乎无一例外地持反对或冷漠态度。当工部局的决定最终宣布后，黄包车主拒减租金，并宣布停工，拒绝出租黄包车，导致约 3.5 万名黄包车夫丢了饭碗。

在中国人眼里，这件事的性质完全变了。多少代人以来，他们看着可怜的车夫饱尝艰辛、贫困潦倒却无动于衷。但那一刻车主们通过拒绝租车砸了车夫的饭碗——尽管是吃不饱的饭碗，中国人的感情一夜间就变了，这群心怀不满的强盗资本家瞬间置于众怒之下。中国个体和公共组织致信报刊表示谴责。他们频繁地将车主比作"食人族"①。次日，强盗资本家们气焰减弱；第三天他们投降了，租金降价开始实行。

如果有人剥夺他人谋生的手段，无论是出于何种原因，中国人都不会让他逃过责任。汽车的引入难免增加了事故率和死亡率。实际上，中国的相关数据比其他地方更高。中国人从未习惯比手推车更快的高速交通工具，还没等他们反应过来要让开，汽车就已经撞上来了。驾车人通常必须付出代价。这同他无辜与否没有关系，虽然事故很可能的确是因为死伤者极其疏忽大意而造成的。这一点非常明确，所以每当出现汽车导致的死亡或事故，保险公司会立刻理赔，无须上法庭。毫无疑问，很多情况下，法律决断会对保险公司有利，但没有哪家公司有勇气面对随之而来的愤慨。

我曾以为我拥有上海的一家日报，很长一段时间都这么认为，直到原本力挺我的朋友另行做出决定。仍处于如此错觉中的

---

① 此处为英文 cannibals 的字面直译。——译者注

一段日子里，我不得不处理一场印刷工罢工，这场罢工已经引发了诸多问题。一名狂热的罢工者拦截了一名报童，毁了后者运送的所有报纸，所以我让巡捕逮捕他并提起诉讼。令我惊讶的是，中国法官居然认为这件事情性质很严重，判了他九个月。第二天，他全家都来找我了，他们想知道，他们养家糊口的人被关起来了，全家人该怎么过活。我说这不关我事，然而无济于事。他们的主要观点如下：既然是我把他送进监狱的，他无法保住饭

谁也骗不到的骗人招牌
（图中文字为：纽约公司现代洗衣房）

碗，我就要对此负责。似乎只有我一个人持不同意见，最终我屈服了，这家人领到了救济金。这种状况持续了几个月。在此期间，罢工问题解决了，所以我又为那位罢工者请了一名律师，保他出狱继续工作。

我们在很多场合都发现，做生意时拿出饭碗的神圣性来当作托词十分有必要，也能获利。几乎在长江下游的所有城市，户外广告都要缴纳各种税，多半是地方税，每座城市各不相同，结果，在宁波张贴海报的成本是苏州的两倍以上。这还不是最糟的，当地税务机关不仅会精心制定各种可收的税费，还会不打招呼就涨价。我们有一次遇到了这样的状况：我们按照约定要在某座城镇绘制一处肥皂广告，但由于税费远远高于我们的预算，履行合同意味着蒙受巨额损失。然而，这种状况并没有令我们感到不安，我们也没有花时间去担心。室外工作组领班对新税率提出抗议，如果他用尽办法还是毫无进展，就会拿出我们的合同，估算出开销以及我们将会承担的损失，大喊：

"你不能砸我老板的饭碗。"

当然，我就是这个需要继续端饭碗的老板。

这一呼吁屡试不爽，尽管有时减免的费用不如我们期待的那么多。倘若我们无法证明饭碗的确岌岌可危，这种呼吁或许派不上用场，但一旦确信数字可靠，看到我们诚实签订的合同，当局就会站在我们一边。当然，我们也可以根据逻辑，诉诸外国理念，说一说为什么不该杀会下金蛋的鹅，广告这只鹅在中国的确为征税者下了不少蛋，蛋虽小，却依然有利可图。但我确信，这种彻头彻尾的实用主义论据肯定无济于事。

然而，在大部分国家向税收员博同情都没什么效果，因为他们不是税费的评估人，也没有更改数字的权限。所幸这种事在中国的处理方式更讲道理，在这里，合理性与妥协精神总是比法律规程更有分量。这里的税收员不能改变上级制定的税率，但他也没必要辛辛苦苦跑出去清点我们到底竖了几块广告牌。所以我们商量好，为十五块广告牌交税，但竖起二十块。如此一来，人人愉快，税率也调整到了合理的标准。大家的饭碗都保住了，面子也保住了。

尊重彼此的饭碗自然让各行各业都形成了协会和行会，新生的广告和出版业除外。银行家、丝绸商和米商的行会可能是最富裕、历史最悠久的，他们行会的办公场所富丽堂皇，游客可能误把它们当作寺庙。从某种意义上来说，每处的确是一种宗教场所，因为它里面供奉着保护该行业的神龛。一些行会有大量现金储备，为救饥荒和其他慈善项目积极捐款。眼下，展示爱国主义和公德心的流行做法是向政府的国防军队捐赠飞机，殷富的行会捐赠了不少，资金相对有限的行会也捐了一些。

行会组织包罗万象，就连盗贼和乞丐也有行会。我至今没遇到过盗贼行会的成员，因为上海很大，警力也十分充足，这种行会难以运营，但许多曾在内地小城住过的老居民跟我说过他们的规章体系。头领以防盗小组的形式来运营行会，交一笔小小的年费，就能保证免遭盗贼下手。很多人将其视为理想的协定。每个拥有贵重财物的人都向行会交一小笔钱，盗贼就能舒舒服服地过安稳日子，无须被迫施展身手。我猜，没有谁认真地想过这个严肃的问题：偷盗这种饭碗是否值得保留。这种体系让盗贼和诚实的公民和睦相处，仅当某些不属于该行会的业余小贼出手，从行会保护人那里偷走点什么的时候，平衡才会被打破。遇到这种情况，整个盗贼行会的成员反过来去捉贼，如果他们不能找到并归还被盗物件，就会赔偿失主的损失。尽管此处关于盗贼行会的简短描述并无夸张，还是必须说明一下，这是从前的画面，现在并非如此，中国如今到处有巡捕和宪兵组织，盗贼行会早已不存在了。

我的确和一位乞丐行会领导人混得很熟，他是我在中国最早结识的人之一。那是1911年夏季，长江流域遭遇严重洪灾。后来曾出现过一场更严重的洪灾，但许多在世的人对1911年那一场的惨状依然记忆犹新。我被派往汉口，为我供职的上海报纸以及一些美国报纸的联合会采写关于洪灾的报道。在这里我头一回遇到无法获取可靠事实的难题，也头一回经历中国人事不关己、高高挂起的冷漠态度。在汉口，我们被洪水包围，河里到处是船只残骸，城市低洼处也浸在水中。水中尸体不时漂过，多得触目惊心，这说明丧命者不计其数，但似乎没有人知道死亡人数，对此也毫不关心。一位法国神父做了许多赈灾工作，但当我问他死亡人数时，他称：

"我们会为我们死去的基督徒哀悼，将他们埋葬，但异教徒还是留给上帝来清点吧。"

汉口那家中国报纸的主编无法提供我所需要的帮助。他办报的唯一目的是鼓动反抗清政府的革命，其他事情他一概不感兴趣。这就是我之前提及的那位出版商——几个月后，他因购买了英国公司的人寿险而保全了性命。我在汉口雇了一名口译员，经过几天徒劳的工作后，我暗示，再找不到值得翻译的东西，他就要被辞退了。于是，他终于做了一件理智的事情——带我去见那名乞丐首领。

他是一位聪明能干的老人，留着令人肃然起敬的灰色辫子，在回答我关于洪灾的提问时，他还跟我聊了在中国行乞的运作方式。在他之前，他父亲曾是乞丐首领，但他继位是经过全城乞丐认可的，他成了他们唯一的头领，是他们的商务经理，也是他们同巡捕和商人打交道的官方代表。在这里，同在中国其他城市一样，行乞已经完全有体系可循。乞丐被指派到不同街道，由各自的小头领带队，而小头领又受到乞丐首领的控制。没有哪一个乞丐可以离开自己所在的街道施展职业才华，也没有哪一个乞丐可以在每月初一、十五之外的日子乞讨。这是乞丐首领和商会讨论了无数次之后做出的安排，与他从父亲那里继承来的运营机制相比，这是颇有改进的。他对自己的成就非常自豪，因为这样一来，他的手下每月只需工作两天，其他时候都能悠闲度日，对店主的骚扰也能减到最少。在指定的日子里，乞丐会成群结队地在街上乞讨，每家店主都会把钱交给他们的小头领，让他们自己分。交付的数量取决于店面的大小，如此安排合理而有序。

正是为了维持这种值得称赞的高效管理模式，乞丐头领才会如此关注洪灾，因此能讲出我苦苦搜寻的细节。洪水淹没了附近许多村庄和农田，大量难民们涌入城市寻求庇护所和食物。他们人数众多，在城门外驻扎，一些人也进入了城市，尾随每一个过路人，诉说自己遭遇的不幸，寻死觅活要求对方立即给予帮助。乞丐首领对这种方式自然是充满厌恶，讲述这种无组织无纪律的行乞方式时充满怨恨，认为这是跟他的组织捣乱。

"店主们都在向我抱怨，"他说，"但我又能怎样呢？这些逃难的跟我的人竞争，我又不能找官府帮忙，他们倒好，还敞开城门，随便哪个流浪汉都能进来讨饭。他们不是我们这一帮的，这不是他们的地盘，他们不该进城的。"他诉苦时极具说服力，连我都感同身受。

中国人能在专制政府的统治下形成相对的民主，全归功于行会。在清王朝的统治下，当地官员——道台或县官，从理论上来说几乎拥有无限的权力。但在实践中，他们始终力求不与行规发生冲撞，避免民情激愤，刺激所有行会联合起来与他们对抗。如遇后一种情形，行会发起"罢市"，这是一种联合的罢工、停工以及抵制运动。工人罢工，商人罢市。谁也不买东西，店主关门歇业。整座城市好比集体休假一天，如果官方顽固不化，就再来几天。

自治行会自然孕育出了民主精神，在民主革命中，很多行会为民主党人提供帮助。捐给革命者的第一笔资金来自汉口某商会，加之其他类似的捐赠，革命党人得以坚持奋斗，最终推翻帝制。行会完全能够做到这些，是因为它们殷实富足，会所雕梁画栋，金库存有数百万银两。许多行会的资金是通过数个世纪积累而来的，许多会员的父辈祖辈也曾是会员，十几代人未曾间断，有人甚至大胆断言，称他们家的记录始于公元前两千年。在一个统计学尚未得到广泛运用的国家，行会积累的财富只能靠猜测，但无论如何猜都能数以亿计。然而，以此来衡量行会并不合适，其重要性不在金钱，而在于为全世界四分之一人口调节工商业的力量。

公司倒闭在中国很少见,行会也总会出面处理破产者的债务纠纷,以免影响信用。中国法庭上很少出现民事诉讼审判,因为商务纠纷几乎无一例外地被行会摆平了。只有<u>丝绸行会</u>才能对<u>丝绸行业</u>的争端做出裁决——外国经销商可以尽情地嘲笑这个说法,但等他看到此类案件在非官方的行业法庭上解决得如此轻快,众人接受裁决又是如此愉悦,他就会自觉赞同中国人的观点了。

"童叟无欺"

第十七章 几种黑心事

许多观察力很强的人,包括一些曾在中国居住、和中国人做了大半辈子生意的人,都会热切地证实,中国人在交易中讲究公平诚信。早期外商称,"中国人的话和他的契约一样靠谱",有的则进一步声称,该描述用于今天依然合适。但还有不少想必同样具备极强观察力、对中国人的经商传统同样有着切身体会的人,却会叫苦不迭,说起那些走邪门歪道的黑心事儿。"中国人的话和他的契约一样靠谱"这个说法在他们口中发生了反转,他们称,这种描述可能的确属实,因为大部分情况下,中国人的契约就是一纸空文；他们可以举出无数个例子，都是直接、具体而可信的明证。这两种完全相反的事实陈述和意见表达，让那些没有机会得到一手经验、无法自行得出结论的人感到无比困惑，他自然会好奇，到底哪一种说法才对。这种意见分歧其实很容易解释，一般来说，两种都是正确的。持不同意见的双方曾和不同类型的中国人打交道。论及交往对象，一种比较幸运，另一种没那么幸运，但他们都犯了相同的错误，以为自己的经验就是典型，以为所有中国人都遵从自己曾经见证过的那些行为方式。无论哪个国家的人都知道，自己的同胞里既有诚实的，也有不诚实的，还有一大群处于中间地带的，如果他稍加思考，就会意识到在世界其他地方很可能也是如此，在中国同样如此。

人们会轻易得出有关其他民族和国家的概括性结论，我们拥有不完美的心智和情绪化的头脑，这样做在所难免。我二十多年前住在东京的时候，一个比利时人使了某种花招骗走我一台打字机。据我回忆，这是我遇到的第一个比利时人。当然，他也是第一个跟我做生意的比利时人，所以我下定决心，这将是最后一个和我做生意的比利时人。数年后在上海经营广告生意，我故意将本可以接下的比利时客户拱手让给竞争对手，因为我已经将那个国籍的人列入了心里的黑名单，不想再和他们发生任何联系了。

我对比利时人的厌恶和怀疑持续了十五年，可在我毫不知情也没有表示同意的情况下，一大桩倒人胃口的比利时生意砸到了我头上。我的一名爱沙尼亚员工通过阅读美国侦探杂志和观看诈骗节目来自修犯罪学函授课程，他的进展一直都很顺利，直到犯下一个愚蠢的技术性错误：他在一张银行支票上伪造我的签名，可我没在那家银行开过户。在此举引起我的注意之前，他已经委托我承担了一家比利时公司的众多义务，并以我的名义收钱，把我扯进一场纠纷。如果比利时人坚持维护他们的权利，我自然会遭受很大的损失。我本以为比利时人会紧咬不放，因为那个骗取我打字机的比利时人就这样做过，而且那还只是他所作所为的一小部分而已。但待我说明情况之后，他们撕了合同，让我保全了自己的一磅肉。实际上，若不是我坚持要补偿，他们会与我共同承担法律和道德上本应归于我一人的损失。真没见过如此正直而大度的人。我对比利时人的不信任持续了十五年，我希望我能活足够久，再为这种不信任后悔十五年。

若不结合商业道德规范来诠释诚信，并将其具化为一系列的行为准则，它在日常事务中的实际运用的确是个极其不稳定的因素，这个说法可能会让道德卫士们感到不安，尤其是那些模糊道德和宗教界线的人。制作出售木头肉豆蔻的美国小贩并不见得是人们所描述的那种恶棍，因为当时还不存在清晰的肉豆蔻质量标准，肉豆蔻交易也不存在相关的职业道德准则。如果那个小贩活在当下，你买他的肉豆蔻或许很保险，因为全世界对肉豆蔻已经有所期待，并就其应有品质确定了普遍接受的标准。由于实践中的诚信关涉商业道德准则的具体运用，而非抽象的道德行为理论，按理说，拥有许多个世纪贸易经验的中国人应该早已建立起了涵盖各种商务关系的成套准则，详细而完整。他们的确做到了，况且正如所料，不同道德准则反映不同诚信度，这不仅适用于个体评价，也适用于行业标准。

中国丝绸商也是织工，丝绸行业或许是这个国家最古老的生意,或许也是全球最古老的生意,在基督诞生前一千年乃至更久以前,中国人就已经在纺织丝绸来出售了,而这种活动从未间断。他们的织造始终维持着高标准。日本人织造丝绸出口还不到十年,就跟外国人学会了伪造商品重量,于是根本没有纯日本丝绸一说。中国人也有学习并练习这些诡计的机会,但他们从来不用。任何一名中国丝绸商都十分乐意绞下一小块丝绸放在托盘中燃烧以证纯度。只有纯丝绸才会完全被火焰吞没,盘中不留一丝灰烬。稍有掺假,灰烬自然出现。由于中国丝绸十分纯净,中国人对这种纯度也有信心,所以按照重量而非长度出售。在各大老字号,没有讨价还价;通常店家政策挂牌公示:

"谢绝还价。童叟无欺。"

银匠也是古老工艺的传承者,他们拥有强大的行会以及严格的行为准则。每件银器都带有银匠铺的"戳记"——即商标,在中国,人们对这种印记所怀有的敬意不亚于铸币铭文。这是银器纯度的保证,也蕴含着其他任何一个国家、任何一家制造商都不曾做出的慷慨无条件退款承诺。无论银器多老、多旧,银匠都愿意以略低于原价的金额将其买回。中国有钱人家里堆满了银花瓶、银匣子,不仅是因为极强的观赏性,也是因为他们随时可以将这些摆设换成现金。

但在其他商务领域,标准就没那么高了。出于某原因——我还没有听到令人满意的解释——中国人从不像其他国家那样追求永恒的建筑。尽管许多殿堂庙宇看起来威武庄严,实际上却没有外观那么坚固,其寿命往往不会超过建筑师的孙辈。即便拥有足量的优质石材,建筑依然如此。通常被视为现代建筑改良技术的"空心砖"建筑手法，几百年前就已在中国使用。但工匠们那样做并不是为了改善砌筑方法。他们那样做，只是为了让两块薄砖替代一大块厚砖，让脆弱的建筑呈现出体量宏伟的欺骗性外观，增加建筑承包商的利润。说所有建筑都粗制滥造并不准确，有一处例外。现代工程师会发现，长城的设计和建筑方式并没多少改进的余地，经历了两千多年的日晒、雨淋、风霜、地震，它仍然屹立。但这一伟大的防御工事是军事天才为了抵御蛮族入侵而建造的。这种危险真真切切，墙体脆弱毫无用处。一百代建筑师观察长城，赞不绝口，然而，没人打算以它为标杆。若是没有行家持续监工，他们就会用上最便宜的材料，甚至会抓住一切机会偷工减料。他们擅长抹灰泥，因为这是掩饰粗制滥造的良方。他们知道自己并不能遮住所有劣质材料，但这一事实并不会妨碍他们下手尝试。除了极少数在外国人监工下完成的现代建筑，全中国都找不到一扇毫无瑕疵的玻璃窗。外国玻璃窗厂家在中国发现了出售残次玻璃的市场，这些玻璃在其他任何国家都卖不出去，实际上，这种玻璃被业内人士称为"中国品级"。

上海一位建筑师将帝国大厦的照片拿给某位中国承包商看，开玩笑似的问他愿不愿意承包一座那样的建筑。

"多好的机会啊！"那位同样幽默的承包商说，"多好的机会！我可以省掉一层楼，谁也看不出有什么区别！"

毫无疑问，如果人们对高品质房屋有所需求，对能够挺立数个世纪的民用建筑有所需求，建筑行业必然会建立起较高的职业道德标准，可这种需求根本就不存在，实际上，统治者还会抑制这种需求，他们对平民家的房屋建制和式样做出了严格规定，富人家也不例外。

制造业、出版业和出口贸易等新兴行业，尚未建立起有模有样的职业道德标准。中国制造商几乎无一例外地处于恶性循环中。起初，制造商使用新设备造出优质产品，商品大卖。实现该目标之后，他似乎就无法抵御掺杂劣等材料的诱惑了，品质变差，销量下降，公司倒闭。然后有人收购了他的厂，接下来进入同样的循环。我在香烟生产领域就看到了无数案例。中国出售的香烟多数由一家英国公司生产，这家生意做得很大，几近垄断。开一家工厂，煽动一下支持中国烟、抵制英国烟的情绪，让新品获得高额利润，这并不难。可一旦完成这些，制造商往往就开始想点子，采用略便宜、品级较差的烟草来提高利润。吸烟者通常要过一阵子才会发现香烟品质有变化，因此，使用廉价品级的烟草短期内并不影响销量，制造商颇受鼓舞，换上更多的经济替代品。某一天，他会发现自己的品牌不再受欢迎了，那时已经无计可施。中国厂家造的卷烟，红火不过几年，这已经成了毫无悬念的事情。

中国制造商也会恬不知耻地模仿知名品牌。一旦有某种易于生产的外国产品在中国打开了销路，立即就有一家或多家中国制造商开始生产外包装和品名都与它极其相似的产品。我们曾为一家黏性发油做广告，它能使头发油光发亮，看起来就像喷了定型剂似的。这款发油卖得很好，因为那时中国男士们还没开始流行寸头，而他们的发质通常比较粗糙。几周内，市场上就出现了一种仿制品，随后平均每个月都会冒出一种或多种。最后，我们开始收集这些东西，就像集邮似的。我们一度收集到 21 种，但肯定也有遗漏的。

　　这些仿制品令人心烦，但我从未像我的客户们那样怒火中烧，因为它们并没有欺骗谁。实际上，我一直在想，它们到底从多大程度上来说是为了欺骗。我认为，中国制造商生产这些东西是因为他们无力自主研发。长江流域的任何一座城镇都有很多商店出售手电筒的小号电池。如果你问店家要某个知名美国品牌的电池，他会给你正品，但如果你觉得价格太高，他会立刻推荐某种附有同样品名的电池，上面通常还带着一模一样的商标，解释说那种更便宜，因为是仿的。为包装或其他方面做出全新的设计并非易事。美国国父们努力设计一面旗帜来替代十三个殖民地的

这名仆欧被怀疑是日本派来的间谍

不同旗帜时，就深有感触。这面旗帜问世之后，人们发现它简直就是尊贵的东印度公司①旗帜的翻版，不过，我的祖先们多添了两道条纹。除此之外，美国国旗与一百六十年前的"约翰"公司旗帜的区别仅在于后续的修改和补充。如果当今某个制造商像我祖先们模仿东印度公司的旗帜那样无所顾忌地模仿竞争对手的商标，那么他在商标侵权案中无疑会败诉。当时美商是英国贸易垄断的最大竞争对手，这一事实不禁会让人们联想到，旗帜相似或许并非纯属巧合，不过，这么想可能不太爱国。②

任何一个观察仔细的人来到上海，都会在不经意之间发现这里的美发业欣欣向荣，组织有序，几百家店，十有八九名字里都有"精益"二字，看起来好像是大型连锁店。但实际上不同店家之间的联系仅限于相似的名字，每家都属于不同的所有者，有着不同的管理者。最早的美式理发店之一是中国人1912年开始剪辫子的时候开办的，店主是一名曾在旧金山"精益"美发店工作

---

① Hon. East India Company，此处指英国东印度公司，1600年，英女王伊丽莎白一世授予其皇家许可状与东方开展贸易，亦称John Company（约翰公司），以区别荷兰等国的东印度公司。——译者注

② 1775年，大陆会议（Continental Congress）指派一个委员会来设计新旗帜，以此作为团结的象征，统一用于十三个殖民地。委员们模仿了东印度公司的旗帜，不费吹灰之力就完成了任务，但他们多添了两道条纹，凑成十三条，代表十三个殖民地。但在蓝底区域，他们放的是苏格兰圣安德鲁斯旗和英格兰圣乔治旗上的十字图样，就像今天的英国国旗那样。两年后，英国和北美殖民地正式开战，这面旗帜显得不合时宜，1777年6月14日，一面新旗帜被采用了，和英国旗帜近似的区域换上了星星。6月14日随后被定为国旗日，早先设计的国旗正式被淘汰。很遗憾，贝齐·罗斯（Betsy Ross）女士根据华盛顿的铅笔素描缝制美国国旗的故事只是个动听的传说罢了。见《不列颠百科全书》（*Encyclopædia Britannica*）第13版，第9卷，第458页。

过的中国理发师。他给自己的店也取了这个名字，其他竞争者纷纷开始效仿他的招牌。这种情况年复一年地继续，直到如今，若有理发店取别的名字看起来都显得奇怪。①

尽管中国制造商会笨拙地模仿洋货的商标和包装，他们却很少伪造名牌——伪造是日本人的特长。四十年前，日本人伪造知名品牌劣迹斑斑，如今依然臭名昭著。操作中心已经整体从横滨和神户移到了大连。在那里，任何人都能买到知名苏格兰威士忌或英格兰杜松子酒的冒牌货，上面贴着同样的标签，冒充得非常巧妙，真伪难辨。

也许半个世纪之后，中国出版商和广告人能够建立起一套与丝绸和银器行业相媲美的经商行为准则，但目前尚未实现，也没有多少证据表明有望实现。中国报纸和杂志肆意夸大发行量数据，情况就像美国发行审核办公室（Audit Bureau of Circulation）逼迫美国出版商如实上报数据之前一样。由于我们把客户大部分的钱都花在了刊登报纸广告上，发行量对我们来说十分重要。由于缺乏准确的方法，我们自己发明了几种迂回的方式来估测发行量。一种方法是我们所谓的"硝酸试金法"，许多中国出版商都希望我们所谓的"硝酸"能够在烧完他们的发行量之前先把我的眼睛熏瞎。测试中我们不会刊登免费样品广告，但时常会邀请中文报纸的读者给我们寄5—10分钱

---

① 作者此处讨论的或许是当时名气不太响亮的小店。根据《上海饮食服务业志》的记载，辛亥革命之后出现的知名理发店并没有呈现出名称单一化的状态，有焦迎记、美洲、白玫瑰、泰记、德记等，后期名称更为丰富多彩。前文"精益"为原文Excelsior（精益求精）的字面直译。——译者注

邮票,换取雪花膏、冷霜、钢笔尖、香皂或某种本应十分普及的治疗婴儿腹绞痛的药剂。每份邮票汇款都必须附上从广告剪下的赠券,我们通过收集统计赠券数,就能大致估测出该期刊的读者人数。

这种硝酸试金法,让我们得以发现一家发行量无疑能保持世界纪录的期刊——它的实际发行量完全为零。这是一份印刷精良的月刊,推销函称,它拥有三万女性读者。厚厚一本都是广告。我们会计特别喜欢它,因为它的七月刊就是七月出刊,不用等到深秋——中国许多月刊都会拖延。我们很难跟爱找碴的纽约和伦敦的审核员解释为什么没在九月的发票里附上七月杂志的广告费——因为那一期还没有出版。我们有位客户提议用这份杂志,所以我们买下一整面登广告,邀请这三万名女士寄来五分钱邮票,换取一大份雪花膏试用装。刊登三个月之后,这三万名女士居然没有一位表示好奇、来信索取,我们开始思考是不是出了什么问题,于是开始着手调查,发现了这样的真相:这家杂志每月出版的刊物仅发给广告客户,用于辅证发票。不仅如此。杂志的文字内容从未变换,就我们可溯源的期刊来看完全一模一样。唯一的变化是每月刊登的广告内容和封面期刊号。还有其他重大发现。月复一月、年复一年出现的文字不仅对女性毫无吸引力,对男性也毫无吸引力,因为那是从上海老报纸专栏上抄来的。出版商只跟外国人做广告生意,假定他们读不懂出版的中文内容——猜得很准。不过,他们每个月都会更换封面颜色,这是他们最奢侈的地方。这份杂志依然存在,业务不断,我们不时会收到海外客户来信,称他们所有竞争对手都在这份拥有三万女性读者的杂志上刊登广告，并提示说，我们在制订计划时可能忽略了这一重要媒介。

最黑的路数出现在出口贸易上。中国人和其他人一样，发现出售不合格商品有利可图，况且，这在出口贸易中风险更小，他们明白，这种欺瞒要等货物在某个遥远的港口被拆开时才会被发现，而那时已经很难归咎于特定人员，所以无须担心。托马斯·立顿爵士[①]凭借强势的营销手段将英国人对中国茶的需求变成了对印度茶的需求，可如果中国人维持了自家产品的质量，这原本是不可能实现的——至少不会如此轻而易举地成功。相反，他们禁不住眼前利益的诱惑。中国茶叶的需求量很大，供应商发现，出售掺假或加工不到位的茶叶并不难。正当中国商人降低中国茶的质量、损害中国茶的声誉时，英国的棉制品经销商在曼彻斯特纺织厂做着同样的事情。在中国出售的英国棉布都带有戳记商标，一些戳记人气很旺。随后，中国和日本的纺织厂展开了大规模行动，以低于曼彻斯特棉布的价格抛售。英国制造商织造出了一种更便宜的棉布，却依然打上原来的戳记出售，以此应对竞争。如此持续了一代人乃至更长的时间，最终，除了极少数的例外，带有英国商标的棉制品价值十分可疑，英国棉制品在中国的生意和中国茶叶在英国的生意半斤八两。[②]

---

① Sir Thomas Lipton（1848—1931），创建了立顿茶叶帝国的英国商人，十分注重广告推销手段和定价。——译者注
② 1935年，中国的棉制品进口总额仅达2700万元中国货币，不足200万英镑。1936年，中国的进口总额达2.33亿元中国货币。同年茶叶出口总额达2900万元中国货币，仅为五十年前的零头。

中国有一种大粒蚕豆，在贸易中被称为"马蚕豆"[①]，是豆类家族中最卑贱的成员。它在许多更高贵的豆类亲戚不齿于扎根的土地上繁茂生长，是一种产量丰富的作物，口感粗糙，尽管它可以食用、营养丰富，人类却不愿吃，除非遇到饥荒迫不得已。这种东西之所以在出口贸易中被称为"马蚕豆"，是因为它只会被运往一个目的地。它只被运往采矿国家，只有因其职业不得不在黑暗的矿井坑道中生活的可怜骡子才会吃它。出于某种原因，中国马蚕豆是全世界矿井骡子最爱的食物，这些可怜的动物吃它们来保持健康、延长寿命。向我透露这些情况的马蚕豆出口商说，这些豆子富含维生素 D，从某种程度上可以对抗不见天日造成的不良影响。

由于这种豆子可以像顽强的野草一般生长繁衍，它便宜得令人难以置信。汉口是这种蚕豆的主产区，每磅售价绝不会超过几个铜板。实际上，这种豆子可能是贸易界最便宜的商品了，按理说既不可能通过掺假获利，也不可能经由人工仿制，但我的出口商朋友却发现并非如此。出口马蚕豆几年之后，他接到投诉，称最近一批豆子裹着黏土，所有袋子里都发现了小团土块。这对他来说是个谜，因为装运前袋子已通过常规检查，看起来只有优质干豆，以及这种便宜货运常常夹杂的灰尘和垃圾。

然而，这引起了他的怀疑，他亲自检查每一袋等待装运的豆子。刚开始，似乎一切正常。袋子打开后，里面的东西倒在库房地上，似乎只有干豆。但仔细审视，就会发现一些豆子直

[①] 亦称"饲用蚕豆""饲料蚕豆"。——译者注

接碎成两半,他起了疑心,好端端的豆子不可能碎成两半。于是他细细查看地上的豆子。他在中国做外贸是老手了,现在却遇到了一段全新的、难以置信的经历。大约每二十颗豆子里就混有一粒看似豆子的东西——那只是捏成了豆状的干黏土块而已。形状、颜色、重量完全一样,简直是完美的商业复制品。如此造假被发现,仅仅是因为有人太不小心,居然让几袋豆子浸透了水,太阳晒干的豆状小球被打回原形,变回将它们塑造出来的长江泥土。

他反思,自己出口马蚕豆多年,顾客都信任他,认为他出口的都是好货,他们付钱买豆子,买的却是好几斤长江泥沙,数千可怜的矿井骡子吃的是黏土蚕豆。他很生气,开始做业余侦探工作。一方面得益于持之以恒的努力,一方面得益于运气,他很快就在汉口附近发现了一家黏土马蚕豆厂。这家厂里有许多木头模具,工人从长江堤岸舀起黏土,塞进模具,做出豆子形状的小泥团。然后这些黏土蚕豆被放在日光下晒干,太阳足够大就可以——收获季节,汉口通常都有大太阳,制造黏土蚕豆、找到卖家,既容易又便宜。那个与出口商签了马蚕豆合同的中间商,低价买下这些便宜的黏土复制品,按照他自身良心和谨慎程度所允许的比例与真蚕豆混在一起。这样一来,他就能获取高额利润,除了矿井骡子,谁都没遭殃。

发现骗局、揭开密谋的真相之后,这位出口商本可为自己的侦探才能大笑一场。但他的业务是出口马蚕豆,不是当侦探,现在他和之前一样无助、毫无防备。黏土马蚕豆的大小、形状、重量以及颜色都和真豆子是一样的。唯一能区分二者的办法就是追踪每颗豆子的生长史，这显然费时费力，不切实际。于是他想出了一个办法，这对黏土马蚕豆制造业来说将是一场大灾难，却可以确保骡子们享有主人花钱买下的所有维生素。他在仓库顶部附近搭建了一个小平台，距离地面 15—20 英尺高。接到下一批货物时，他指示苦力们把货物运送到平台上，打开袋子，将豆子倒在下面的混凝土地面上。正如出口商所料，只有真豆子才能经得住这种考验，黏土蚕豆个个粉身碎骨。碎豆子被清扫干净，中间商丢了很大的面子，合同随之做出调整，黏土蚕豆厂再也没有生意了。据悉，矿井骡子在接下来几年内都没吃到黏土蚕豆，但这位出口商依然留着他的检验平台，时不时扔几袋豆子下去，满足自己一下，也是为了可能会形成的道德影响力。

公元前 6 世纪，中国伟大的改革家孔子受命在今山东省的某个小镇任长官，他引入了几种规章制度，旨在推广诚实的交易方式。比如，在赶牲口去集市的路上，农民不能给牲口饮水增重。商人必须抛弃假秤砣，用标准秤称重。历史对这些创新有所记载，却没提及这些诚实的行为究竟持续了多久，但在接下来的二十五个世纪中，中国的度量衡历经多次改革，我们可以断定，每次改革坚持的时间都不长，不时需要重新统一。

中国对外通商不足一个世纪，毫无疑问，最初的一品脱[①]不见得是一品脱，一磅[②]也不见得是一磅。具体是多少，皆由杯子或秤杆的主人来决定，以便有利可图。在对华贸易中打先锋的英国商人，坚持要知道自己买东西时买了多少、卖东西时卖了多

[①] 液量 1 品脱英制约合 0.568 升，美制约合 0.473 升。——译者注
[②] 1 磅约合 0.45 千克。——译者注。

少，于是签下了一系列贸易条款，以英国的盎司[①]、品脱和英寸[②]为单位，而这些正是中国眼下依然在使用的度量衡。

如此一来就在交易中对中国商人进行了限制，消灭了他赚快钱的一种惯用手段，但没过多久他就发现，另一种手段也有异曲同工之妙：使用略微夸张的发票——其实也算不上假发票。比如，纸以磅计重，从制造商那里买来，出售时，则是以令[③]为单位，若是开具一张发票，上面写着1令海报纸为43磅，很少有人会去费心测量这1令纸，如果有人检验，就会发现秤上指的是39磅。假如海报已经印好，更是无法算出原先纸张的重量。

重量造假在纸张交易中是家常便饭，专业人士都不会上当受骗。我们都明白，16磅的证券纸实为14磅，43磅的海报纸意味着39磅，130磅的铜版纸不会比110磅多1盎司。我们明白这背后的真相，尽管印刷商总是能够找到某家知名外国公司开发票，以证自己宣称的纸重完全属实。外国公司向中国经销商提供假发票十分常见，各国公司都这么做，且存在于各行各业，不仅限于纸品。大多数情况下，外国进口商的罪过很难评估，几乎也不可能被证实。他通常知道，这是在他自己的办公室完成的，但他对细节一无所知，因为这是由他的中国伙伴来打理的，他称自己毫不知情，或多或少是大实话。

几天前，我和一位外国进口商谈论假发票的问题，他告诉我说，他不仅自己从未开过这种发票，还严格要求自己的全体中国

[①] 1盎司约合28.35克。——译者注
[②] 1英寸约合2.54厘米。——译者注
[③] 纸张计数单位，500张同样规格的纸为1令。——译者注

员工不许这么做。

"那你一定丢了很多生意吧。"我同情地说。

"一分钱生意都没丢。"他让我放心,"只要是卖东西给中国经销商,我们都会给几张空发票,随他怎么填。"

两边都在追,各自空手回

第十八章　出口商约翰牛和山姆大叔

每当有出口经理来华为自己的产品寻找能干的代理或分销商,他常常会为自己主动联络遭遇的冷漠感到震惊。当然,如果他的产品在市场上已经卖了很久,且有稳定的销量,那么或许会有几家代理供他选择;若是名不见经传的小公司,他的幻觉通常会就此打破,他会彻底醒悟过来,发现自家产品是那么的默默无闻,人们对它也不会产生丝毫兴趣。上海是中国对外贸易中心,也是中国大部分代理商的所在地,这座快节奏大都市里的人们见过大世面,七大洋的人情世故都汇集于此。道格拉斯·范朋克①、查理·卓别林②、林德伯格上校③，更别提不计其数的英国贵族、美国参议员和欧洲大陆的王室成员了，他们都曾到访上海，来我们的购物街闲逛也不会引起交通堵塞。每逢美国高官来访，全靠上海的美国商会（American Chamber of Commerce）煽动在华美国人的爱国情绪，使其达到白热化，如此才能确保那群高官获得关注。倘若没有这些准备工作，任凭这些访客检验自己的人气，恐怕大部分显贵离开上海时都要感叹美国侨胞对伟人缺乏崇敬之情了。我们英国邻居也干这种事，但英国要员似乎更满足于低调状态。如此甚好，论及制造引人注目的虚假热情，展现高度有组织的夹道欢迎，他们同胞的技术绝对比不过我们的。

每天都有来自世界各国的人进出我们的大门，也许正因如此，我们很难因为名人的到来感到兴奋，我们更愿意为自己当地的民间英雄鼓掌欢呼。同理，相比送上门来的新公司，上海进口商对自己已建立合作关系的老公司更感兴趣。世界上每家制造商似乎都曾在某一刻试图去上海找一家代理，代理总是供不应求。结果，没有哪家初次面向中国市场的制造商可以轻松地建立起令人满意的代理关系，他们需要四下寻找，常常要花上数周时间，才能结束本以为几天就能完成的代理授权任务。来华途中，理想型代理商本已清晰地浮现在他的脑海，但他最终往往只能把代理

---

① Douglas Fairbanks（1883—1939），美国知名演员和制片人。——译者注
② Charlie Chaplin（1889—1977），英国电影演员、导演、剧作家、作曲家、制片人。——译者注
③ Charles Lindbergh（1902—1974），亦作"林白"，首位独自飞越大西洋期间不着陆的飞行员。——译者注

权交给第一个愿意承担代理的——任何一家可以将就的都可以。所有制造商都面临这种困境,但倘若他恰是美国人,就会更深切地感受到代理商们扭捏的态度,英国或德国代理商的处境可能略好,美国制造商的变化无常令人不满。

几年前,上海某家大进口商的本地销售员向主管出示了一份销售计划,这份计划能够让他们代理的美国某汽车轮胎品牌销量大增。主管耐心倾听,最后确信这一计划的确十分有把握。随后他要来了该项目的销售报表,斟酌再三最终做出了决定。

"不行,"他说,"这家我们做这么多就够了。我认为,如果我们执行你的建议,销量增长,他们就会放弃,我们很可能会丢掉代理权。制造商看到我们发去的销量,就会想把代理权夺走,自己开一家分公司,赚更多的钱。这家的销售就先这样吧,我们先关注其他业务,别主动地给那些卖轮胎的写信,说什么可能很有销售前景、中国有很大的市场机遇。"

这位经理说得没错。几年后,销量继续增长,一名来自阿克伦[①]的精干年轻人就来了,撤销代理,建立分公司。由于几乎所有的代理协议都规定制造商可以自主选择结束代理,且无须为代理商积累的销售额和良好商业信誉提供补偿。一旦落到这个下场,代理商就会悲哀地明白,自己创造了令人满意的销售额,且是因此而失去代理权的。我至少见过十几家重要的美国代理业务是这样从上海公司手中夺走的,别无他由,只是因为制造商认为有望进一步扩大利润。大部分情况下,他接过的红火中国业务完

---

① Akron,美国俄亥俄州东北部工业城市。——译者注

全是由老代理商一手创建的，后者因为代理合同结束而产生的深深怨恨可想而知。

然而，并非每一家分公司的开设都是基于对销售收益率、运营成本和理论利润的冷血分析。这些按理来说十分精明的生意人，却也有着令人震惊的虚荣心和浪漫精神。做生意就像冒险——正是这个或虚荣或浪漫的念头，激发他们不惜成本地在全世界开分公司。战后几年，这些分公司像起麻疹似的在上海爆发，但愿这些制造商在冒险中自得其乐，因为他们从中并没赚到多少钱，倘若没有打破原有代理销售模式，资产负债表看起来或许还会漂亮些。经济萧条期间，许多行业都不得不削减奢华的摆设和无用的橱窗展示，不少分公司关门了，曾经受命开设这些公司的年轻人也老了几岁，他们又将业务交还给当地公司。未来，伴随着新一轮经济增长，分公司可能又会在新负责人的领导下陆续回归。

美国制造商喜欢频繁更换代理，不仅是因为他们热衷于用世界各地分公司所在城市装点信笺抬头，似乎还因为他们心怀一种徒劳的希望：新的肯定比旧的好。这种事情发生得过于频繁，以至于我们每次接到纽约的拨款，都会在发布广告之前先查看一下本地代理商有无变化。我们为多家美国制造商代理广告，截至此时，过去十年间既没有更换上海代理，也没有开设分公司的美国制造商，我只能想到两家；有的甚至换过三四次。从另一方面来看，与我们合作的众多英国和欧洲大陆客户，同期内变更过经销协定的我记得也只有两家。鉴于业务交往，我每天都能与不同国家的分销商和销售代理打交道，我知道他们有这样的共同感受：为一家利润颇丰的英国厂商做代理，就像是拥有一份可以大胆付出努力的永久价值资产，但为美国商家代理却会感到不安，生怕什么时候出口经理会突然撤销代理权，据说，美国出口经理个个反复无常——且不论这一名声是否属实。相反，倘若英国厂家更换代理商稍稍活跃一些，或许会争取到更多优势，获得更多利润。许多英国公司悠然自得，不愿为增加销量做任何努力，他们满足于不费吹灰之力就能获取的佣金。为英国公司做代理的上海人有不少干练得出奇。

人事变动在美国十分频繁，论及国内业务或许是有益健康的，但它给出口业务带来的影响则令人担忧。美国出口经理的职位似乎非常不稳定。实际上，原经理被解雇、新经理上任，通常是更换代理商的最直接原因，为了改善前任的组织管理，新经理上任后会聘请大量新代表。每次在信中看到出口经理换了个新名字，我就知道又要陷入一连串冗长的通信了，这种经历就像是穿过许多扇门却依旧返回原点那样。这些情况并非只有我们"老资格中国通"才了解，说实话，我们这些人收获的打击远远多于认识，但新上任的出口经理，既没有受过打击，也没多少认识。

我上一次回美国大约是五年前，美国公司出口经理的人事变动使我花了不少时间和差旅费。我们为一家汽车大公司做广告，他们远东地区经理一听说我要去美国，就坚持劝我去底特律总部，就中国广告展开讨论交流，他帮我给五位不同的主管都写了介绍信。他以为我可以利用这次访问机会探讨不同看法、消除各种误解，他还认为，如果我在全球汽车知识的发源地待上几天，定会备受鼓舞。我尽快安排行程从纽约前往底特律，打车行驶数英里，在那座专攻大批量生产的城市里穿过毫无特色的街道，最终抵达威武的公司总部。我没有提前预约，因为我那位朋友让我放心，只要不是遇上高尔夫球赛，我一递上名片，五位主管中的任何一位都会立即停下手中的事情与我讨论。接待厅有无数前台，我选择其中之一，将最重要的一封介绍信交给了一位迷人的女士，但她很快回来告诉我，信中提及的那位主管已不在公司任职。人在哪里她也不知道，她猜在纽约。第二封信遭遇了相同的命运，为了节约时间，我将剩下的三封信一并交给她，请她交给能找到的第一位。她带回了悲伤的消息，说这几位与公司都已经没有任何关系了，且没有任何一位仍在底特律。一想到白跑一趟，我可不乐意，于是我递过去几张名片，说："我为贵司代理中国广告已经有几年了。应贵司远东部门经理的邀请，我特意从纽约赶到底特律，与你们出口部的人会面。麻烦你去出口部跑一趟，转告负责人，看看有没有人听过我，或者想见我。"

她一定是尽力而为了，去了很长时间才回来，但她回来只是为了转告，既没人听过我，也没人想见我。所以我在贝尔岛（Belle Isle）玩了一圈，就坐下一班火车回纽约了。我回忆了一下经过，这趟旅途唯一令人满意的收获就是这个曲折的故事，可以讲给我大阪的那位朋友听——可就连这个愿望也实现不了，几个月后我回到远东，发现他也不在员工名单上了。

一位住在上海的厂家代理几年前曾向我吐露："我已经知道该怎么对付纽约的出口经理了。给他们写好多信就可以了。他们回复起来特别带劲，还要抄送给总经理，表现一下自己到底有多忙。出口经理也只能写写信，多给他们制造一点机会最好。当然，他们确实也需要接到一些订单才行，可如果你给他们写一大堆信，他们就不怎么抱怨订单的大小和多少了。"

我注意到他依然还在这里工作，依然代理着原有品牌，所以他的这套做法肯定行得通。出口经理和商务交往对象相隔甚远，交流必然会产生大量的通信，但出口部并非美国商务公司唯一炮制正式函件的部门。美国商人写信之多、写信之长，能让其他各国商人甘拜下风——西班牙人除外。西班牙人的信，读起来更是令人喘不过气，他们还可以毫不费劲地引用马特奥·阿莱曼[①]或塞万提斯，你能读出他写信时的天气以及健康状态。我几乎敢肯定，该为美国人冗词赘言负责的，是效率极高的美国速记员，看到她灵巧的手指，谁也忍不住喋喋不休。写信在一些办公室成了主要业务，不再是工作手段，就像是为了发表而写。那些口述了许许多多信件，以至于秘书要加班加点才能转写完的美国商人，面对自己一天的劳动成果，会比任何人都更满意。美国经济大萧条，我最初得到的一手证据就是更短、更少的来信。不难看出，他们不得不裁减速记员人数。现在生意一定是有了好转，因为信件的频繁程度和长度都增加了，或许很快就要恢复到1928年的状态了。

这些信件我读了大概有二十年，恕我直言，美国有一半打字员可以裁掉，有一半速记员最好赶紧嫁出去，那样不仅不会影响商务的正常运转，还能减少许多嘈杂声和无用功。其他国家的商务往来，仅需美国人心目中必要通信的几分之一就能成功维持。

[①] Mateo Alemán（1547—1614），西班牙小说家和文体学家。——译者注

任何一个需要口授信件的人，每天开始工作前都应将自己一年前口授的信件拿出来读一读，看看哪些比应有长度多出一倍，哪些是根本不需要的。

美国速记员效率真高

这么说可能有失公允，但我不禁觉得我收到的很多信都不是写给我看的，是为了给那些检查抄送本的主管看。如果信件来自纽约某家广告公司，显然，抄送副本可以给客户留下深刻的印象，他能轻易看出，他的广告代理时刻将客户的利益挂在心头，考虑周全。英国打字员效率没那么高，所以英国人不喜欢啰唆。

几天前,我在一批邮件中同时收到了来自纽约和伦敦的信件。这两封信我都非常欢迎,同样是续签一年的广告代理,同样是我们代理了十年或以上的老客户。

纽约来信有几页打印指示,附有正式订单和广告时间表等。信中,他们奉劝我们尽可能为广告找到最佳位置,确保出版商不将其与竞争对手的广告放在同一页,注意印刷质量,与分销商定期联系、维护关系,时刻关注销量,等等。换言之,我们要做任何一家广告代理公司日常都要完成的工作,做他们十多年来都在反反复复告诉过我们的事情。实际上,在任何一家有序运营的办公室里,省去这些事情反倒会让日常工作陷入很多麻烦。信的最后一段,则是带着近乎抒情口吻呼吁我执行上述各项要求。

英国人口授函件可没花多久。相反,它短到让我怀疑是直接手写出来交付打印的。信上写道:

"亲爱的先生:

您17日的来信已收到,我们赞同您附件中的修订版广告时间安排,请知悉。相信该订单会受到您一如既往的关照。

敬上。"

我认为这位写信的英国贵族外出打猎,给妻子写信一定是这种风格:

"夫人,天冷,已猎杀两头羊。"

尽管英国人的简短信函在日常商务往来中令人舒心，他们大部分人的推销信却写得一塌糊涂。对美国人稍加鼓励，他就会拼命写推销信，对你狂轰滥炸，让你相信他家产品的优越性。而英国人心目中爽快的优秀推销信是这样的：

"我们就您的垂询附上——"

美国人写信又多又长，但他并不会对每一封信进行仔细构思。按理说，倘若一封信将要漂洋过海发往几千英里之外，理应检查内容是否清晰完整。英国公司的来信大多附有多个姓名首字母，表明已经过多人亲阅。而美国人的做法与之大相径庭，他们在信件上加盖橡皮章，这表明信件是口授的却未经审阅，似乎也在表明，除勤杂工之外，美国办公室里谁都能签发信件。我回忆起一名粗心大意的写信人，他给我们添了很多麻烦，增加了不必要的开支。我们收到的那封信称，取消1月16日信中下达的要求。我们查阅文件，却找不到信中提及的日期，我们本以为那封信被延误了，以后可能会找到。那封信没有出现，结果一名中国勤杂工发现了一件有趣的事情：1月16日是星期天，所以信中想说的必然是另一天。最后我们还是需要发送电报询问正确日期，因为这可能指的是一月的任何一封来信。如果通信人申请过电报挂号，且拥有十几种电码本中的任何一种，你都能以相对低廉的价格发送超长信息，但这家拥有海外业务的公司居然没有申请过电报挂号，显然也没有电码本。我们要为完整的公司名称、街道和地址付费，并尽可能精简字数，费用加起来仍然高得让人沮丧。我们最终得知，信中想说的是 1 月 6 日。

尽管山姆大叔在推动出口市场销量其他方面不及约翰牛，但他的广告和营销能把约翰牛远远甩在身后，很少有人能反驳这一点。最能突出体现山姆大叔营销优越性的例子，是两国制造商呈现给顾客的包装。英国有许多畅销世界的品牌包装都是几代人以前设计的，那时版面设计还没发展到现在的高度，现代风包装设计艺术也尚未出现。然而，那是当时所能达到的最佳效果，比当代英国包装强多了——如今的制造商，很少或根本没有动用英国当代商业美术工作室的大师们。他竭力将自家产品做到最好，此后，他便认为，制造商该做到的事情他都做到了。这两个国家谁更富有艺术细胞，专家们或许存在诚恳的意见分歧，但毋庸置疑的是，美国制造商首先发现艺术能够有效地辅助商品销售。1882 年，奥斯卡·王尔德（Oscar Wilde）在美国旅行，从纽约行至旧金山，他斥责美国人缺乏艺术鉴赏力，居然能够忍受如此丑陋的环境。他发现没什么好欣赏的，可如果他活在当下，无疑会赞叹美国制造商的包装。

他或许还会奉劝自己的英国同胞们学学美国人。我使用的保险剃须刀是由英国人制造设计的。它的工艺很好，价格在保险剃须刀中也算比较高的。但从外包装完全无法看出其中物件的优越性。一眼看上去，谁都会认为那是一盒配方新奇的沙丁鱼。任何一家美国制造商都会略增成本或者不多花一分钱就制作出体现其尊严的美观包装，衬托该剃须刀内在的高贵气质，借此进一步拓宽销路。实际上，我们美术部的任何一位中国员工都能设计出比它更诱人的包装。

英国的广告也同样流露出对风格与审美的冷漠，对排版和设计的疏忽或不屑。但在出口领域，英国人在广告和销售规划方面有一点比美国人强。我从未见过美国人制定长期方案，他们甚至不会对此进行讨论，他们只考虑眼下亟待执行的事务。所有美商在制订计划时似乎都是基于这样一个假设：下一财年结束时，世界将不再运转。销量下跌一次，他就能预见公司解散。英国人见过销量下降，也知道自己的公司无论如何都已坚持多年，不会轻易戛然而止。这种差异可能部分是心理上的，但从一定程度上来说也取决于公司的组织形式。许多美国制造商发现，他们可以让公司上市，通过投机自己的股票而非凭借合法股息获取额外收入。结果就是投资过剩，而许多贪婪的股东只关心代表公司每季收益的数字。英国大公司多为私有制。他们的准备金往往比美国公司丰富，不会因为销量一时下降而轻易陷入恐慌。顺便提一句，我们有位英国客户利用现金储备大大降低了广告成本，因为他提前支付了一年的广告费，我们为他争取到了力度很大的现金折扣，他实际上用自己的钱赚了18%。美国公司的广告拨款和详细指示我们一般是分季度收到的。英国人看问题更长远。他的公司做生意很久了，他假设明年会有生意，后年也有。他不仅乐意为当年制订计划，更愿着眼于今后的长远规划。

生产出可销售的物件之后，英国制造商就很少会做出改动，也会执拗地抵制一切关于改善的建议。实际上，可以说他几乎从不变动或改善，除非被逼无奈，这么说并不夸张。论及中国市场，这种保守主义不仅对销量毫无阻碍，反而有促进作用，因为中国顾客同样保守。只要物品令人满意，他就看不出有什么理由需要改变，如果产品发生变化，他就会生疑。他的经历使他容易起疑心，他也发现，与其说制造商以成本不变为前提、主动尝试改善，他更愿意相信变动是以牺牲质量为代价来降低成本。

英国制造商的这种保守态度，与不断求变的美国人形成鲜明对比。有时，后者诚恳热情的努力并不能带来相应的回报。

手电筒是近期开始在中国流行起来的外国货，因此，用于电筒的小电池也获得了很好的销路。我们一位朋友拿下了美国某知名电池品牌的代理权，短期内就获得了惊人的销量，我们也有功劳，因为广告是我们负责的。后来厂家有人认为包装有待改善，便投入使用了更专业的包装设计。一大批新包装电池运来，连招呼都没提前打，新包装的特色是，几条宽条纹取代了原先的多条细纹。其心理学依据无可指摘，新设计更能体现稳定感。但中国消费者想的可不是这些。他只知道包装变了，第一反应：这肯定是日本仿版，劣等货。我们必须把所有广告上的旧电池图片全都去掉，然后大篇幅解释这种电池和原来的一模一样。

这一切自然让销售慢了下来，正当数字逐步回升时，我们又因厂家的高效再次遭遇重击。这次是因为一名工程师。他看了国内销量，发现电池不仅在出厂六周后全部售罄，而且还全部用完了。他根本没考虑中国好容易才积累起来的销量，就得出这样一个结论：制造寿命超过必要有效期的电池就是浪费钞票。专家们着手研发只需维持必要寿命的电池，新电池的寿命绝不长于必要期限，这样生产成本大幅降低，生产出来的物件依然令人满意。我们此前对这个变化一无所知，直到长江流域的经销商们愤怒地拒绝付款，他们的理由非常充分：电池报废了。鉴于高效专家们钦点的电池寿命，它们在海运途中就已经过期了。真应该当场就把这些电池包在旧帆布里扔进水里海葬。我们本来很有前途的电池生意就这么结束了。

英国人和美国人在出口贸易领域比其他国家更活跃。论及对华贸易，除此二者之外只有两个国家称得上竞争对手——日本和德国。倘若日本不做外贸，这两个英语国家都能揽到更多生意，不只是在中国，在世界其他地方也是。但日本并没有为世界贡献新产品，在世界贸易中获得立足之地也不是凭借优越的制造水平或推销方式。日本的优势仅在于价格——通过无耻剥削廉价劳动力实现的低成本生产。在世界市场上，日本始终保持低价。

德国的竞争属于另一类。论及生产成本，他与约翰牛或山姆大叔相比都不存在明显的优势。他的销售方式囊括二者全部的优缺点，但有一点本质区别：他更拼命。他的精力比美国人旺盛，比英国人旺盛得多——总体而言，英国人可能是全球最悠闲的商人。

在出口贸易方面，法国制造商根本就没上心，结果他自然也没多少出口生意。他不聘请出口经理，那是因为他更依赖于当代法国士兵替他看管前几代法国士兵们征服的殖民地，他更依赖设立关税壁垒、把所有竞争者挡在墙外的立法者。他心目中的理想市场不存在任何竞争，制造商品无须耗费任何脑力，销售或广告也不必花一分钱。由于19世纪的法国政客迫切希望自己的功劳得到认可，对商人过分溺爱，制造商们不由得产生错觉，认为政客可以代他们完成所有促销工作。结果法国在出口方面落后于人，政客们希望把制造商唤醒，让他们自己行动起来。他们任命商务官员，以温和的方式重复着美国商务部（United States Department of Commerce）的工作。但他们并没有成功地唤醒制造商，我一位供职于法领馆的朋友说，他们收获的唯一反应，只是几声懒洋洋的嘟哝。

法国货在中国的销量仅占中国进口总额的 1.5% 以下。澳大利亚、比利时、英属印度、加拿大、德国、日本、暹罗、美国，都超过了它。德国的对华贸易额差不多达到了法国对华贸易额的十倍。

中国人吃很多苹果

第十九章 每天一个苹果

身为广告代理商,我不得不竭力熟悉中国市场,我们以苹果为例来说明中国市场蕴藏的机遇,因为这个例子既清晰又实在。苹果生长于气候温和的地区,鲜有歉收,价格相对便宜,打包装运输也比其他大部分水果容易,无疑是一种大受欢迎的健康食物。苹果一从树上落下就可以吃,经各种方式烹调后也十分美味。苹果可以炖,可以炸,可以烤,可以烘干,可以榨汁,还可以做色拉。一只苹果可以被轻松地切成大块或小块,既适合小规模零售,也方便集体或家庭批发共享。由于上述以及其他原因,苹果是水果中最容易找到市场的。想想吧，要是我们能让潜在的四万万中国顾客相信"每天一个苹果，医生远离我"，那该有多美妙①。

除了供应稳定、价格便宜、运输方便，在中国卖苹果还存在其他有利条件。中国人相信，自己吃的每一样东西都有药用价值，所以他们不会像其他民族那样对苹果的健康功效产生太多怀疑。尽管广告已经做了几十年，许多英国人却依然还在怀疑葡萄干富含铁元素，中国人就没有，尽管这对他们来说是一种相对比较新的说法。无须多少广告，就能让他们相信吃葡萄干能够补充铁元素，因为在基督诞生前十个世纪，他们就已经在用水果、草药和其他蔬菜产品治疗疾病了，这个概念对他们来说并不新奇。虽然中国种植的苹果不多，但中国人吃下了很多从朝鲜进口的苹果，还有一些从美国和新西兰进口的苹果②。因此，在这里根本不存在食物偏见，也不存在某种强大的销售阻力。只需要将零散的需求变成普遍需求即可。

计算销售前景时，最好采取保守态度——哪怕形势一片大好，看似绝无失败的可能，所以我们假设，广告推销运动不算特别成功，仅有一半人会成为苹果消费者。这种估算排除了掉牙的老年人，以及还没长牙、更适合饮用橘子汁的婴儿。此外，人类

---

① 英国苹果消耗量约为每年20亿磅，三分之二为当地种植，三分之一为进口。惠特克称，这一消耗量平均到每个人就是42磅。这意味着每人每周差不多吃两个苹果。1932年之前，英国的进口苹果主要来自美国，但从那年开始，来自加拿大和澳大利亚的苹果数量就超过了美国。

② 1935年中国进口的苹果总量不到400万磅，还不及英国一天的消耗量。

行为并无严格的稳定性,我们假设,"每天一个苹果俱乐部"的初始会员们有一半无法坚持食用,一个月左右之后他们就因为厌倦而放弃了。最后,为了保持绝对的谨慎,减少失望,让我们抛开理论期待值,继续削减这种以保守方式估算得来的数据,假设剩下的顾客平均每人每隔一天吃一个苹果。这样我们得出的苹果日消耗量就是五千万个,我们的广告运动一旦开始,他们一旦相信吃苹果的好处,以中国超大的人口基数得出这个数字并不离谱。[1] 中等大小的苹果,一箱可装两百个(接近一蒲式耳[2]),每吨位装二十五箱,这意味着每日需要一万吨位来运送苹果。这些苹果需要占据许多吨位——远远超过每艘船平均的装载量,前提是它们不装其他货物。天啊,仔细算算,这个计划似乎不太现实。假如所有来沪的英国船都用来运苹果,它们也只能承担这桩大生意几分之一的运输量。[3] 即便有足够的货船把它们运来,中国铁路和航运也无法拖走。此外,若是把这些苹果都卖给中国人,世界其他地方就吃不上苹果了。

每当出口经理渴望徜徉于美好的白日梦,用未来的声名和繁荣驱赶现实的忧虑,他只需拿出纸笔,计算倘若能找到干练的广告代理,引诱几万万中国顾客中的相当一大部分购买他的产品可以收获多少销量即可。在石墨铅笔、计算器和广告代理入驻商界之前,商人们就已经为计算这种美好的构想写坏了许多支羽毛

---

[1] 如果中国人的苹果消耗量与英国持平,那么每日消耗量将会接近1.15亿个。
[2] 1蒲式耳英制约合36.368升,美制约合35.239升。——译者注
[3] 1935年,英国进入上海清关的外贸货船吨位为18541804吨,占来华外国船舶总吨位的43%。

笔。只要一个国家的人还在制造东西卖给其他人,只要海运和国际贸易依然存在,向数亿勤勉中国人出售商品的金色幻象始终具有强大的诱惑力。无论卖什么,你都能在中国大赚一笔,前提是该买你东西的中国人的确愿意掏腰包。

中国对外贸易有着长达近两千年的历史,仅有极少的地区性中断,但外商到中国出售而非采购,还是在时间相对较近的上一个世纪里才开始的。在此之前,中国是全球最大的制造国,大量生产优质商品。公元1世纪,中国丝绸就已在罗马出售,而阿拉伯人采购中国丝绸或许更早。[①] 中国古时候,丝绸织造考虑的是如何为上了年纪的人提供舒适,纺织技术既关注保暖也兼顾审美,所以比今天织造的丝绸要重得多。这不太适合罗马的女士们,她们从中国绸缎里把线分离出来,捻得更细,然后织成蛛丝般透明的衣物,让正经人大吃一惊。当时的改革家大做文章,正如今天的改革家见到连体泳装一样,但他们的反对同样收效甚微。丝绸占据垄断地位,却并非出口到罗马的唯一中国货。尽管运输耗材耗力,中国的钢铁工具也因其高品质于同时期在罗马出售,价格不菲,在贸易中利润丰厚,中国工具蜚声文明世界。

约一千年以后(宋代),中国瓷器尽管尚处于青少年时期,却已崭露头角,让其他国家粗糙的陶器相形见绌,中国瓷罐和瓷瓶一运达欧洲和近东,有钱人就以等重的银子来支付,把它们全部买空。欧洲科学家为丝绸的制作方式困惑不已,现在瓷器又给

[①] 英文"satin(丝绸)"源自"Zayton(刺桐,即泉州——译者注)",中国某古老港口的名称,该港口后期成为丝绸起运港。

了他们新的不解之谜。16世纪，大量进口丝绸的荷兰贸易者又将中国茶叶引入欧洲，逾两百年，中国茶都是利润丰厚的重要出口贸易商品。这就成了第三个谜题，该轮到欧洲的草药种植者觉得奇怪了。直到美洲被发现之前的几个世纪，中国人才知道棉花的存在，于是从波斯购买种子开始种植"布料植物"。他们在棉花种植方面是新手，却在织造这种新材料的过程中引入了四千年来都在使用的先进丝织技术，就数量和质量而言，他们成了全球首屈一指的棉布织造者。在16—18世纪以及往后的一段时间里，全球高品质棉布均来自中国的手工织布机。在英国，没穿中国手工棉缝制的齐膝短裤，绅士们就觉得自己不够时髦，女士们要是没有一件广州来的丝绸裙，就觉得衣柜不够完整。

在这段时期里，西方很少能卖出中国人想要的东西。早期，中国人购买檀香木、孔雀毛、香料、象牙和宝石，此类物品需求非常稳定，却无法填满货船，几代贸易者启航前往中国时，船里一半或是空的，或装着压舱物，而返回船籍港时，却满载中国货。一些早期的美国贸易者轻松赚到了钱，因为他们发现中国人眼中极具药用价值的人参在新英格兰山间疯长，只要挖出来就能赚钱，在中国还可以卖出高价。1784年，第一艘美国船在广州抛锚，货物主要都是人参，此后连续数年，它都是美国对华出口的重要商品。尽管人参很值钱，所赚收入却依然支付不起美国人从中国购回的货物，世界上其他国家向中国出售的货物，价值也不及自己购买的中国货。每艘到访中国的船只都习惯性地载有成桶的西班牙或墨西哥银圆，因为中国始终处于贸易顺差，那时没有银行机构，交易都是用现金结账。

无意于重新引爆未经教会批准就被埋葬已久的争端,我想说,罪恶的鸦片贸易之所以在华持续很长一段时间,完全是因为当时它是英美贸易者在售出一定数量后即可抵偿丝绸和茶叶价值的唯一商品。数以千计的旧银圆,其中有些已经流通了一个世纪或更久,如今在上海的铸币厂里熔化,作为推行新货币政策的环节之一。有些银圆已在国内流通时磨光,却从未离开中国海岸,因为中国人根本没发现值得用它们换取的洋货。从鸿蒙之初,中国人制造的任何东西都比野蛮人的更好。中国人本以为这种状况将会永远地维持下去,对外国人在售的物品也几乎毫不留意。等他们发现蛮夷居然可以制造出好东西时,傲气遭受了沉重的打击。对欧洲产品的这种冷漠态度持续到19世纪中叶的某个时候,接着潮流逆转,卖给中国人的洋货,反而比卖给洋人的中国货更重要、更有利可图了。这是从轧花机的发明和曼彻斯特使用动力机械生产棉布开始的。这种英国机织棉布不如中国手织机产出的棉布结实,品质也不及后者,但它们更便宜,运到中国的每一船货物销路都很好,售价对制造商和中间商来说均有利可图。在20世纪初的几十年里,中国人买洋货的每一元钱里就有超过五十分是用于购买棉制品的。曼彻斯特在该领域大赚一笔,但新英格兰在中国东北地区的棉制品出口贸易同样也足以让美国开启谈判,希望使当地成为对外通商口岸。

对华贸易不仅在理论上看起来很漂亮,利润也十分丰厚,世界各地都有"中国制造"的财富。每一代制造商都会为全球市场贡献新产品,他们都在中国找到了市场,获得了新的财富。中国进口贸易从檀香木、孔雀毛、人参和鸦片转向棉制品、蜡烛和煤油。这些新商品替代老商品成为生财之道，而未来的新产物又将取代它们。煤油引入之后，蜡烛销量降低。而如今，电筒电池又与煤油形成激烈竞争，移动照明成为潮流，从前硕大的马灯被淘汰了。① 尽管煤油生意开始步履蹒跚，石油公司又开始在乡间遍设加油站，为那些在数千英里新公路上行驶的人补充汽油。②二十年前买马车鞭的中国人又买起了火花塞。需求在变，供应也在变，数亿中国人采购不同的东西，他们始终是稳定的消费者，总是可以指望他们吸收全世界过剩的商品。他们现在购买的商品种类繁多，列出来就像是一份邮购订货目录。然而，除了少数富人，普通人的购买力依然比较低，数据统计表上的理论顾客，仅有极少一部分会成为实际消费者，而从实际销售统计来看，大部分人都不会为销售额做贡献。每天无须牺牲几碗米饭或面条就能买个苹果的中国人，或许不超过一千万。③

从 20 世纪开始，中国人购买外国商品的图景就在不断变化，呈现他们不断变化的需求。1900 年，中国香烟销售总量为 3 亿，不足人均每年一支。十年后，这个数字飙升至 75 亿，相当于人均每年 19 支。再过十年，该数字达 220 亿，人均每年 60 支。如

---

① 手电筒在中国流行的原因非常不一般。中国乡下人对盗贼和强盗心怀根深蒂固的恐惧，他们知道点灯穿过田野容易被强盗盯上。而手电筒可以根据需要随时开关，不容易被跟踪。
② 中国现有 2.6 万英里公路，这些都是在过去十年间修建的。
③ 中国创下外贸纪录的是 1931 年，总额达中国货币 22.56 亿元。按当前汇率相当于约 1.41 亿英镑，也即每人 8 先令。1935 年，中国外贸总额不足该数目的一半。那年英国份额占 10%，不及占 11% 的德国、占 15% 的日本和占 18% 的美国。除印度支那以大米为主的 6% 贸易额百分比之外，其他国家所占份额都不超过 5%。

今是 800 亿，几乎是全中国男性每人每天一支烟。在此期间，进口棉制品销量从占据总量逾 50% 降到不足 3%。蜡烛、肥皂、油性涂料、脂肪、蜡、橡胶和葡萄干超过了棉布的进口量。这并不是因为棉布的需求量减少，而是因为新的供货源出现了。中国人购买的棉制品，如今来自当地由日本人、中国人和英国人开设的纺织厂。

中国人花了很长时间才决定要买西方人制造的现代物件，可一旦开始，他们就发现，买得起的都想买，买不起的也有很多想买。现在他们买飞机，买汽车，还购买洗衣机等现代家用。中国人所需的产品目录不再囿于无知和偏见，而是更单纯地受到购买力限制。实际上，中国四万万顾客面临的问题和某位购物清单上写了 10 美元东西、钱包里却只有 4.95 美元的女士一模一样。买任何东西之前，都要货比三家，仔细考虑那件物品在同类之中的性价比，还要把它拿来和其他性质迥异的物品做比较。大宗或小额采购皆是如此，从每年夏天香烟销量下降就能清晰地看出。六月上市的各种瓜类几乎是中国人唯一愿意生吃的东西，需求量巨大，但很多人不能同时享受瓜类和香烟这两种奢侈品。于是，一些人为了瓜类放弃了香烟，香烟消费量直到初秋吃瓜季节结束才能恢复正常。

如此一来，中国的每一笔销售额都是成功竞争的结果，不仅要和同类竞争者比，还要与很多看似没有直接联系的东西来比。例如，吃苹果的人和吃瓜的人一样，都需要在水果和香烟之间做选择，选了水果，苹果还要继续和其他水果较量，获胜的才会最终被买下。这使得中国的复杂销售状况无法以算术方法来计算，而要以几何方法来计算,销售经理和广告代理的两鬓又得为此多添几缕白发。

与中国如今的复杂销售局面相比,快帆船时代和早期曼彻斯特纺织厂繁荣时期要单纯得多。二十五年前我刚来中国时,与一位从商五十多年、曾经历过美好年代的老商人相谈甚多。

他不知疲倦地向我解释那时做生意多么简单,那时的生活多么悠闲,那时的利润多么稳定。他对现代商业手段充满怨恨,对那些为了赚取更多利润乃至更主要是为了收支平衡而采取的精明贸易和还价手段充满怨恨。他年轻时,做生意的方法很不一样。他曾以学徒身份任职的公司在伦敦和上海各设一个办事处,均由合伙人直接管理。伦敦合伙人购买运往上海办事处的棉布,在拍

这位英国老商人给我讲了很多故事

卖会出售。这笔生意所得收入再用于购买茶叶，然后运往伦敦拍卖出售，购买更多棉布，接着再售出，购买更多茶叶——如此无限循环。这是一个连续的过程，在当时算是非常红火的生意，每艘船来到上海时都载满棉布，每艘船离开时都载满茶叶。有时同一个月内有两艘船抵达或离开，那就是能被议论上好几个月的繁忙时光。

那位老商人坚持认为，这才是光明正大的诚实交易方式。他听说过世界各地都在实行并渐渐被引入上海的现代广告业以及高压式销售，他对此满心厌恶。他觉得这些即便不是直截了当的欺瞒，至少也算得上是耍花招。他的观点是，中国人在拍卖会买下的每一捆布，付的钱都是上海的市面价，不多也不少。拿来出售的商品总是在拍卖厅里摆出来，任何人都可以随意检查，绝对不会存在货物受损或品级争议问题。在随后万劫不复的日子里，他的报价必须经由伦敦拍电报确认，他不得不掩饰自己的价格、减少利润以便应对无赖的竞争，他不得不向自己明知不公平的要求做出让步。他还得担心顾客会不会赖账。而从前，所有东西都是现金支付。尽管他的公司始终在赢利，这一事实却不会让他对老式销售体系的热情赞扬减少半分。

这种销售方式十分经济，从多个层面来说也十分理想。伦敦和上海的簿记非常简单，合伙人自己就能解决。他们总是能够获取稳定的利润，偶尔也有令人惊喜的意外之财——比如某季有一批精品茶最先抵达伦敦，或一艘棉布货船在其他船只都延误时提前抵达上海，赶上库存空空的市场。①生产过剩这种现代诅咒那时根本就不存在，简直是无法想象的事情。英国市场总能消耗完运往伦敦的茶叶，中国市场总能消耗完运往上海的棉制品。价格存在波动，但绝不会被压到无利可图。在这家令人舒心的公司，合伙人其实只需考虑一个问题：盈余是用来购买更多的茶叶和棉布，还是取出一些来平分。

好日子一去不复返，记得它的人也不多了。拍卖出售的棉布，每年销售额可达数百万英镑，这种形势持续到20世纪，随后只剩苦苦支撑，最终在第一次世界大战中成了牺牲品。上海现在还有些许棉制品拍卖会，但规模都不大。上海拍卖员现在出售的是无主货物、因破产而折卖的东西以及侨民回国留下的家用。托马斯·立顿爵士的广告和强势推销，恰逢中国人在茶叶的生产和处理过程中使诈，英国人就这样从清淡的中国茶转向了重口味的印度茶，随后，伦敦多年都没有再拍卖中国茶。

现在，我们在中国有定期航行的轮渡、推销经理、销售会议和广告代理。在中国居住的外国人，有很大一部分都像我一样，最感兴趣的事情就是如何尽可能多地向四万万中国顾客卖东西。我们做市场调查，推测他们会购买哪些物品，这些东西应该怎样包装、怎样打广告，采用怎样的推销方式比较有效。我们在自己

---

① 约六十五年前，苏伊士运河开凿之后，一名上海茶商凭借自己极具开拓精神的销售方法在整个伦敦引发热议。他装满一整艘船的茶叶，随船抵达马赛。接着他本人携带茶叶样品，从该港口走捷径抵达伦敦，在船只到达前将所有货物签单售出。其实，一名竞争对手的船最先在泰晤士河抛锚，到达时却发现市场已经饱和，此前从未有过比他捷足先登的货物押运人，伦敦和上海都在讨论这一程序是否符合职业道德，众人意见不一。不幸的竞争者自然对这种诡计进行了公开谴责。

的国家也需要解决同样的问题，但在这里还需要面对其他复杂状况和难题，以及来自其他各国厂家的竞争。我们的付出与经济回报不成正比，却在其他方面得到了补偿。我们的工作始终充满趣味，尽管多年来时常遭遇幻觉破灭，但我们依然全都默默怀揣这样的念想：或许明年，这四万万顾客中就有相当一部分会买我们的东西了。

四川土匪让全球牙刷供应陷入混乱

第二十章　各国比邻而居

你也许已经注意到，最近一次购买的某品牌牙刷质量不如从前。你或许也已在报纸上读到，中国政府最近派兵去四川清理土匪，那里物产丰饶、人口众多，与神秘而偏远的西藏相邻。你可能从来没有想到，长江源头附近的土匪活动，会影响到英国牙刷的质量。

所有牙刷皆由猪鬃制成，中国是全球猪鬃的主要供应地；最好的猪鬃，也许就是你家高级牙刷里的那种，产自四川。生产牙刷需要白猪鬃，中国白猪鬃产量大于其他所有国家，这同某位农民家黑马比白马吃得多是一个道理——他家黑马本来就比白马多，中国人饲养的白毛猪比黑毛猪多。

世界其他地方的白猪毛很少被用来制造牙刷，因为其他国家的养猪人不像中国人这样勤俭节约，不会收集分拣猪鬃使之成为可以出售的商品。即便他们这么做了，供应量还是不太够，因为除中国之外，其他国家都不喜欢养殖白毛猪，可能是因为白毛容易被泥土弄脏。俄国曾大量供应白猪鬃，但苏联政府着手优化共产主义的饲养品种，从资本主义的美国引入黑色良种畜，因此白毛猪现在非常罕见，那里的白猪鬃供应甚至无法满足苏联自身的需求——谁知道那是多少。鼓励养殖黑毛猪，或许是苏联对资本主义和小资产阶级趣味的鄙视。

但无论如何，全球好牙刷的供应仍旧取决于四川猪的健康与兴旺。如果四川猪种群被霍乱毁灭，全世界要么不再刷牙，要么就得习惯别扭的黑猪鬃牙刷。

想想你的牙刷，想想这世界究竟有多小，居然让你和四万万中国人比邻而居。

附录

"临城大劫案"中的克劳

舒 雨

惊天大劫案

1923年5月6日星期日凌晨。

一列火车正疾驶在津浦铁路上,此刻已然进入山东境内。这是前一天从江苏浦口驶出,正要开往天津的"特别快车"第二号。在这列旧中国最先进的列车上,乘客大多是衣冠楚楚的中国富人,此外就是要从华东去往华北游玩或公干的外国人。夜深了,他们大多已进入梦乡,浑然不觉即将发生些什么。

忽然间"砰"的一声巨响,引起了一连串的震动。旅客们被天旋地转所惊醒,刹那间像赌徒们放在盅里的骰子似的遭遇了摔滚和冲撞。火车头陷入了路基旁的淤泥,后面几节车厢脱轨歪倒在路旁。

在愈演愈烈的枪声和妇女儿童的大声哭号中,在路旁埋伏已久的土匪冲上了火车,开始对乘客进行大肆劫掠。事后经由报章的追踪,人们才知道列车脱轨的地点是山东临城(今山东枣庄薛城)的沙沟段。这里僻处鲁南,地形很是复杂。土匪是当地人,熟悉情况,早就做好了准备——他们先来到一处铁路看守房,逼退看守人，拿出工具卸下了几节轨道放在了路边，自己埋伏在路边。待快车脱轨之后，就一拥而上。

在第一时间的劫掠中，土匪们为所欲为，从乘客身上掳走了许多金银细软，也很快打死了几名试图反抗的中国人。他们发现车上还搭载了几十名语言不通的外国游客。有位英国乘客罗士满（Joseph Rothman）不知哪来的勇气，为了固守自己的财物奋力与土匪搏斗，无奈寡不敌众，被枪弹击中头部，白白牺牲了性命。

二等车的包厢里有位二十三岁的美国年轻人——上海英文《大陆报》（*The China Press*）的记者李白斯（本名劳埃德·莱尔巴斯，Lloyd Lehrbas）。他早年就读于威斯康星大学，毕业时适逢第一次世界大战爆发，随即投军成为一名战机驾驶员。战后，又在旧金山、芝加哥等地担任报社记者。看到东方的中国正处在多事之秋，军阀混战，革命势力兴起，每天都有大新闻，为了探索不一样的人生，他又前往中国上海做了记者。此次乘坐列车出差北上，是为了去华北抢新闻，不料竟遭遇了这样的劫难。

列车颠覆后，李白斯赶忙躲了起来，亲眼看见这些个子不高、衣衫褴褛、拿着各式不像样武器、面相凶狠异常、扎着蓝绑腿、活像上海乞丐的赤脚土匪们进出包厢，大肆劫掠。但当东西劫得所剩无几，土匪们恨不得把地板都撬开时，藏在卧铺床下的李白斯便被发现了。

搜刮了几轮乘客的行李后，土匪们没有忘记"肉票"的重要性，开始有目的地劫持人质，准备将他们掳去山中。中国人可能不太"值钱"，可官府显然会担心土匪们对"洋大爷"的伤害造成恶劣的国际影响。

土匪们搜空了李白斯的腰包之后，也把他押下车，拉到附近的高粱田里，准备一同掳走。在这个天色极黑的夜晚，土匪们四散开来，一边背着赃物，一边押送人质加速前进。李白斯脚下隐痛，不知要去往何处，也走不快，还因此被随行的土匪打了个大耳刮子。无奈之下，他只好默默等待机会。不久，趁随行的土匪背包带子松了，停下整理，而同行的其他土匪却已走远时，李白斯赶紧跃入高粱田中，往回匍匐。春寒料峭，他爬了许久才回到火车脱轨之处，在火车下面又窝藏了十来分钟后，终于熬到土匪全部离开，赶紧回到自己的包厢中，只见弹孔无数，物件散落四处。但无论如何，终于是脱险了。

像李白斯这样侥幸逃脱的人还有一些。天色发白后，他们中的一些人选择辗转向北，乘车前去天津。李白斯与其他几位脱险者则选择乘坐由临城往南去的列车，于7日下午返抵上海。但被押往土匪山中巢穴的几百名中国人质、二十多名外国人质，则被迫连夜翻越山头五六个，就惨得多了。

由于遭绑架的外国人质数量不少，李白斯在内的若干逃脱者又是记者，因而国内的中英文报章都迅速对"临城大劫案"进行了关注。5月7日，上海《申报》就刊出了《津浦路之巨案》《匪劫津浦车掳去三百人》的报道；翌日，又刊出时评《津浦路劫案感言》，把矛头指向北洋当局，说："以当局之不负责，国事渐停顿，地方渐扰乱，人民渐感种种苦痛。"同时相关消息满天飞："被掳西妇均已释出"，"匪大半有辫，非遣散之兵可知"，"列国共同质问临城事件责任"，"限日放还被掳人员"，"法使照会外部，词极严重"。北洋政府面临着严峻的压力。消息迅速传开，震惊中外。

枣庄白兰地

消息传开，被掳人质的家属纷纷请求上海各界设法营救。李白斯脱险返抵上海，本想就此安歇下来，但转念觉得此事尚未解决，自己作为亲历者，又是记者，仍有责任继续深入报道。上海的美国商会和美国红十字会有意帮助解决事件，也找到李白斯，希望他牵头办理。李白斯觉得必须找个朋友相助，便想起了曾在《大陆报》工作过的卡尔·克劳。

克劳此时在上海忙于广告事业，然而颇有余暇，为人也正直热情，很愿意一同前往。事不宜迟，5月9日，李白斯和克劳就动身了，前去枣庄实地调查，准备与土匪接触，并代表美国商会和美国红十字会为人质带去许多药品、食物、衣服。事后克劳这样回忆当时的心境："当我在去往枣庄火车站的路上，我有足够的时间得出这样的结论：在从事这项工作的时候，我让冒险的精神占了上风。我还根本不知道怎样去接近那群被有组织有势力的土匪劫持的人。"

车到山前必有路。到达枣庄，李白斯和克劳就放下心来，因为马上有当地居民前来找到他们，这些人不仅准确地知道俘虏们被安顿在什么地方，还很愿意把食物帮忙送去，而且只收很便宜的挑夫费。克劳对这样的好事很感疑虑："这些提议在我听来很可疑，我不愿意把价值数百块的东西交付给跟土匪关系这么好的人。但是俘虏们吃着最坏的食物已经一个多礼拜了，除了冒险我也没有别的办法了。"

在被绑架的外国人之中,有个人过去跟克劳挺熟——《密勒氏评论报》的主笔鲍威尔(John B. Powell)。克劳此时想起了他,于是吩咐挑夫,要把几箱罐头、食物带去交给鲍威尔。他留了个心眼,附上了单据,请鲍威尔核对一下到底收到了什么东西。让克劳想不到的是,让他担心不已的这几个"面貌可憎得像小说插图里的海盗"的挑夫,竟然很快就完满完成了任务——第二天凌晨3点钟,他们敲门把克劳吵醒,交来了鲍威尔的回信:每样东西全都收到了!

挑夫带上物资,准备送去山上

克劳在当地多方活动,设法营救。5月11日,他在临城向上海方面发回电报,谈到人质中已有几位儿童被土匪释放,住在他这里。5月12日早上在枣庄,克劳又给美国商会拍去电报,谈了他的判断:"余意被掳之人,苟非发生不可料之意外事故,绝无危险,西人来此反足掣肘。"同时,他也不停地向山上传递食品和信件。李白斯则在当地竭力准确报道土匪的动向和被绑架人质的情况。就在这几天,他们和行动迟缓的北洋政府当局几乎同时确切侦知,人质们被关押在土匪的巢穴——山东峄县抱犊崮,土匪的首领是孙美瑶。

克劳的救济工作有条不紊地进行,挑夫每天挑着物资上山,再带着鲍威尔确认后的清单下山。克劳只担心一点:土匪首领会不会忽然推翻这种不成文的默契?他突发奇想:"去和他建立'外交关系',该是一个好主意吧!"于是他给在上海的美国总领事写了封信,希望总领事能证明自己的官方身份,以便与土匪展开具体的接触。总领事在回信里却大不以为然,婉拒了这个要求。事后克劳明白过来:"让一个美国总领事公然承认土匪首领的存在,那是违反先例的。"这条路行不通,克劳只好单刀直入,直接给孙美瑶写去一封正式的信,说明自己的任务,希望得到他的回复。

克劳竟然得到了"迅速而客气的回信"。孙美瑶在回信中赞美了克劳的人道主义动机,还随函送上两瓶极好的白兰地给克劳。克劳很惊讶,明明自己只表露自己是美国红十字会的代表,没想到却换来了孙美瑶的"中国式的客气"——看来孙美瑶以为所有送上山的物品都是克劳自个儿出钱购买的。孙美瑶对别的富人们没有克劳这样慷慨表示遗憾,还在回信中引用了孔子所说的"苛政猛于虎",这给克劳很深的印象。官逼民反,确是旧中国最老土的套路。

孙美瑶还在回信里提醒克劳注意,一定要雇用诚实的挑夫,并向他保证无须担心自己土匪弟兄们的偷窃。他还说,如果用中文写发货清单,他会叫他可靠的副官之一去核对送到的货物,如果有什么东西丢失了,他会把挑夫"从严处办"。克劳感慨:

"'从严处办'那几个中文字写得那样巨大,而笔画是那样凶猛,所以我想,那方法必定就是斩首吧!"

克劳渐渐对孙美瑶有了点儿切身的同情,他说:"释放外国俘虏的磋商并没有发生多大困难,虽然孙要了个可笑的大数目,但是其实他只要十万块大洋,大家也觉得这数目是合理的,毕竟还得考虑到两件事:他有七百弟兄,日常开支是很大的;他房获了二十几个老外,这也能使他获得一笔大的赎款。"

"抱犊崮土匪邮票"

除了物资,抱犊崮上山下山的书信也渐渐变多。随着局势渐渐明朗,人质在上海和其他地方的亲友都望风寄信而来,每天的信件便有五十到一百通之多。有人给这些通信起了绰号,叫作"匪邮",克劳也觉得这绰号不错。李白斯要跑新闻,时常不在,克劳便专职进行这项工作。

为了便于和抱犊崮土匪巢穴通信,克劳等人专门在枣庄车站的一节列车上设立了"邮政局",还找了个上了漆的粗笨木匣子,

卡尔·克劳在美国救援团的列车上

外面写上"Bandit Post"("匪邮")字样，作为流动信箱。为了防止邮件遗失，信箱上面还加了锁。可以开这把锁的两把钥匙，一把由克劳等人保管，一把送到山上由鲍威尔掌握。每天信箱运到抱犊崮上，即由鲍威尔开箱取出邮件，再把要寄出的邮件放在箱中锁好，运到山下。信箱运到"邮政局"的时间不定，或许白天，或许夜里。但信箱一到，就是克劳一天二十四小时中最忙碌的时候了。土匪的最新消息都由"邮政局"最先得知，而外面的人想把消息传递入山，也得通过流动信箱传入。

一天下午，克劳和助手麦堪（McCann）散步，偶然在乡间遇到一家小刻字店。事后也说不清是谁的主意，但就是当场灵机一动：他们二人都觉得"匪邮事务所"万事俱备，只欠邮票。于是二人与刻字店议定，花两块钱大洋，印刷五分和十分的"邮票"各三百枚。麦堪给五分票画了图，克劳则给十分票拟了样式。

五分的"抱犊崮土匪邮票"上面是抱犊崮的图形，左侧有"抱犊崮"三个中文字，右边有英文"PAO TZE KOU"，下方是"50 CENTS""五分大洋"字样，用红色土纸印制。刻字店的小老板水平粗劣，在数字 5 后面刻了个 0，弄得五分成了五角，还把"TZU"刻成了"TZE"，幸而中文没错。十分的"抱犊崮土

五分的"抱犊崮土匪邮票"　　　　十分的"抱犊崮土匪邮票"

匪邮票"呢，则上下有横线，四周环绕"*"字，中间英文是"PAO TZU KU BANDIT POST TEN Cts"，排成三行，用淡黄色纸印制。由于手工刻写，每枚长得都不太一样。

"邮票"印成，马上送到山上开始使用。这倒也给山上的朋友们带来了一点儿小小的带趣味的麻烦——之前外国人质寄信纯属免费，此后则非贴"邮票"不可了。"抱犊崮土匪邮票"的名字由此传开。其实按克劳的意思，这不是真的邮票，没有正式效力，只是"游戏取笑之资"，是一种纪念品而已。

因为这种邮票并非邮政机构发行，抱犊崮寄往外界的邮件到了山下克劳等人的"邮政局"，还需再加贴正式邮票寄往各地。克劳后来还设计了一个英文戳记，刻有"This letter received from Paotzuku Bandit Camp and forwarded through American Rescue Mission"（"此信取自抱犊崮土匪巢穴，经美国救援团投递"）字样，在加贴正式邮票时加盖。"抱犊崮土匪邮票"也因此得以流传到了上海等地。

This letter received from Paot?
Bandit Camp and forwarded thro?
American Rescue Mission.

克劳在信上加盖的英文戳记

5月25日，英文《大陆报》又有前方报道叙述抱犊崮局势，报道的结尾不经意间披露了"抱犊崮土匪邮票"的种种细节，把流动信箱上山下山、鲍威尔开锁关锁、邮票怎么送怎么贴的事儿说得活灵活现。不用说，这又是李白斯的杰作。此事马上引起中国舆论的注意。有人认为"抱犊崮土匪邮票"的出现丧权辱国，有人认为这无伤大雅，还有人认为这种集邮家的小把戏多多益善，总之七嘴八舌，沸沸扬扬。主管此事的天津邮政局认为影响太不好，赶忙派员到当地叫停，要求凡是贴有"抱犊崮土匪邮票"的信件无论是否加贴了正式邮票，当地邮局都一律不许收受。但是这不能阻止外界的极大兴趣，甚至有人写信汇款给克劳要买这种邮票收藏，克劳于是加印了一批，竟然卖出去了五百组，收到的钱款都充当了人质寄信的邮资。再之后"抱犊崮土匪邮票"伪票的大量出现，则是克劳始料不及的了。

邮票风波并未影响克劳与孙美瑶的通信交道，他们的友谊正"茁壮成长"。克劳说："我们的友谊达到了他以亲密而恭维地称呼我为'老哥'，并送给我好几瓶白兰地的地步。我跟他通信时也一样地尽礼数，送给他好几盒香烟作为礼物。送给他的香烟是我诚实地买来的，而他送给我的白兰地酒则毫无疑问是打劫来的。不过这也不会让我们有什么遗憾——白兰地是好的，香烟也是好的。"

孙美瑶凭着大劫案的新闻威力，一下子登上了纽约和伦敦报纸的重要篇幅。可是在克劳看来，孙美瑶并不是个成功的劫匪——"因为他的年纪太轻，野心也太超过实际了"。但是，能和土匪称兄道弟，还是使克劳不免觉得有点儿骄傲。事情还未落幕的5月31日，《大陆报》已报道了克劳回到上海的消息。事后对整个事件中自己充当的角色，克劳不免有些自矜，其实他并未在当地目睹事情的最终解决。李白斯则在枣庄坚守到了最后。

5月中旬就已开始的北洋政府与土匪的正式谈判，在6月初开始有了成效。土匪的诉求，无外乎官兵解除包围和收编孙美瑶所部。打打谈谈，战战和和，来了几波说客，放了几个人质，讨价还价，持续拉锯。至 6 月 12 日下午，官方和土匪终于达成协议：官军撤防，孙美瑶部即时释放被扣押的所有外国人质和四名中国人质，月底之前把所有中国人质全部释放。轰动一时的劫车案至此告一段落。

英文报章对于克劳参与营救的报道

被捉而杀头

"招安"孙美瑶所部并不那么顺利。协议签订后，个别土匪大不高兴，认为自己吃了亏。而立刻释放全体外国人质却不立刻释放全体中国人质，又使得全国舆论大为激愤。几番折腾后，土匪终于把全部中国人质和留在山中的谈判代表释放。孙美瑶所部被编为"山东新编旅"，他被任命为旅长。孙旅随即发表了一篇欲盖弥彰的安民布告，做出一番"觉今是而昨非"的姿态："本旅官兵，原俱本土良民，只因被匪所扰，复为官府不谅，家产荡然，不能安业，不得已铤而走险，久在地方父老洞鉴之中。此次幸蒙政府开诚招安，地方父兄担保，得使编成正式军队。本旅官兵，素明大义，俱深感政府与地方之德，誓当宣力为国，以赎前愆……"

事情落幕，克劳在上海仍然忙回他的广告事业。7月份，美国商会召开年会，美国总领事、商会成员和几位在大劫案中幸存的外国人质齐聚一堂。大家在会上特别称颂克劳奔赴当地办理营救、寄递信件的辛劳，合伙赠给他一座银盾和一个香烟盒作为纪念。此后外国人质们的多次聚会，也都不忘邀请克劳和李白斯。李白斯仍然热衷于抢新闻，后来加入美联社，记者这个行当他是越做越出彩了，多年后他因为在华沙报道了德国对波兰的闪击而荣获了普利策奖，又担任了麦克阿瑟将军的高级助手。

话再说回孙美瑶。被"招安"后，孙旅便被调往枣庄驻防。既已调虎离山，北洋政府有关方面对他的大加提防、控制监视，自然不在话下，后来竟然演变到使出了反间计，唆使孙美瑶杀死自己的得力臂膀。羽翼凋落，孙美瑶却浑然不觉大难即将临头，所部仍然漫无纪律如故，还与枣庄市内的另一部队发生了冲突。不久，最后的惩治便到来了。大劫案落幕后半年多的12月19日，新任兖州镇守使张培荣以调停枣庄市内两部冲突为名，在中兴煤矿公司摆下宴席，邀请孙美瑶前去。晚上九点，孙美瑶果然应邀前来，早有副官将他的随从请去一旁的小客厅。孙美瑶只身进入大堂，便有一人疾步向前拦住他的腰腹，另一人手握白石灰就势向他双目一拍，抽出利刃，手起刀落，孙美瑶就此身首异处。其随从和所部也一一就擒，轰动一时的土匪集团瞬时瓦解。

随后，一纸电文从枣庄发去了全国各地：

> 鲁省新编旅长孙美瑶，本系著名悍匪，杀人越货，罪恶贯盈。前于临城地方劫夺火车，酿成交涉。中外人士咸以投鼠忌器之故，主张收抚，冀以诚信感彼凶顽。讵该孙美瑶怙悛，罔知愧奋。对于公家，则索饷索械，要挟多端，稍不遂意，即怀怨望；对于地方，则纵其爪牙，四出掠夺，人民含怨，控案累累。……乃该匪野性难驯，益无忌惮。日前苏皖鲁豫剿匪副司令张培荣，驰赴苏鲁边境剿匪，曾令该旅协同动作。孙美瑶竟敢抗不遵令，自由行动，显露反谋，似此情形，实属忍无可忍。经已密令张副司令于效日午后在枣庄地方将该孙美瑶拿获，就地正法，并将与该逆同谋之党羽十余人一并法办，以除元恶，而快人心。刻下该处秩序如常，极为安静。本日并已由省加派军队一营前经镇慑，一面仍饬张副司令乘机将该旅全部酌夺情形妥为收束，俾符除恶务尽之意，除将以后办理情形随时电达外，恐远道传闻失实，特电详陈，敬希鉴照……

克劳很快听说了孙美瑶的噩耗。对这个跟他称兄道弟的土匪头子，这个颇有西部片风格、他称之为"可以上好莱坞银幕"的绿林人士，克劳或许回想起了"老哥"的称呼和他们互赠的白兰地与香烟的友谊，此刻却只默默写下："孙美瑶被官兵包围了，他被捉而杀头了。"

MERCHANDISING IN CHINA

CARL CROW INC.

We maintain the largest organization in the Far East devoted exclusively to advertising and can offer the foreign manufacturer a service covering all branches of advertising and merchandising in all parts of China. Our staff of artists, copy writers and experts in the various lines, both foreign and Chinese, are able to handle in the most efficient manner, every detail of an advertising campaign.

NEWSPAPERS. The volume of advertising we place in Chinese newspapers is twice that placed by any other concern, enabling us to secure the best possible rates and the highest agency discounts. The cost including our service fee would be less than if you dealt direct with the newspapers.

OUTDOOR ADVERTISING. We maintain the only standardized outdoor advertising plant in China and offer the only guaranteed and protected poster and painted bulletin service. The largest and most successful advertisers in China are using this service.

PRINTING. We write or translate, illustrate and supervise the printing of all kinds of advertising material, posters, circulars, booklets, calendars, etc., which can be produced cheaper in China than other countries.

Our experience in helping dozens of manufacturers and importers to solve the problem of advertising in China enables us to give clients the benefit of this experience which is the experience of the most successful advertisers in the country.

If you will write us fully about your advertising problem in China we will be glad to send you a suggested program.

CARL CROW, INC.
Advertising & Merchandising Agents
Cable: "ONAPRESS" Shanghai
Bentley and Private Codes
6B-Kiangse Road
SHANGHAI, CHINA

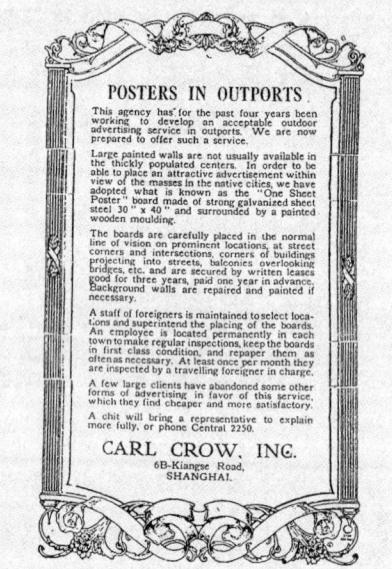

POSTERS IN OUTPORTS

This agency has for the past four years been working to develop an acceptable outdoor advertising service in outports. We are now prepared to offer such a service.

Large painted walls are not usually available in the thickly populated centers. In order to be able to place an attractive advertisement within view of the masses in the native cities, we have adopted what is known as the "One Sheet Poster" board made of strong galvanized sheet steel 30" x 40" and surrounded by a painted wooden moulding.

The boards are carefully placed in the normal line of vision on prominent locations, at street corners and intersections, corners of buildings projecting into streets, balconies overlooking bridges, etc. and are secured by written leases good for three years, paid one year in advance. Background walls are repaired and painted if necessary.

A staff of foreigners is maintained to select locations and superintend the placing of the boards. An employe is located permanently in each town to make regular inspections, keep the boards in first class condition, and repaper them as often as necessary. At least once per month they are inspected by a travelling foreigner in charge.

A few large clients have abandoned some other forms of advertising in favor of this service, which they find cheaper and more satisfactory.

A chit will bring a representative to explain more fully, or phone Central 2250.

CARL CROW, INC.
6B-Kiangse Road,
SHANGHAI.

克劳公司招徕业务的广告

卡尔·克劳小传

赫伯特·卡尔·克劳（Herbert Carl Crow，1883—1945）生于美国密苏里州的海兰。少年时代他深受担任乡村教师的父亲的影响，受到良好的教育，养成了正直的品行。但当父亲早早故去，青年克劳便不得不自谋生计，16岁时他已经进入密苏里州地方上的小型报纸做印刷学徒。

卡尔·克劳（1920年代）

1906年，克劳到明尼苏达州的卡尔顿学院就读，随后转入密苏里大学学习。因为生计窘迫，在读书期间，他不得不同时兼任附近地区几张报纸的特约通讯员。经济拮据终于拖累了他的学业，不久他选择从大学肄业，成为一名专职报人，开始与人合伙经营《哥伦比亚—密苏里人先驱报》，后来又加入其他大报，在新闻界崭露头角，成为小有名气的记者。

1911年的东亚正酝酿着大变革。克劳受到《纽约先驱论坛报》驻远东记者密勒（本名托马斯·米勒德，Thomas Millard）

的邀请，毅然决定到异国开拓新事业。这一年他乘邮轮来到中国上海，加入了密勒旗下《大陆报》（*The China Press*）的创始团队。事实证明克劳来到中国的时机非常正确——很快他就目睹了辛亥革命爆发，见证了清王朝覆灭，第一时间报道了中华民国的建立，还得到机会采访了孙中山，他和中国的悠久缘分由此开始。

克劳在《大陆报》的职业生涯不算长，对东方怀有莫大兴趣的他此后曾在美属菲律宾的首府马尼拉稍作停留。在经历了一次悠闲的环球蜜月旅行后，他来到日本东京，供职于当地的英文报纸。当时正值日本趁欧美各国无暇东顾，悍然决定提出对华的"二十一条"，克劳参与了对此事的报道，一度引起轰动。

1917年，第一次世界大战正如火如荼地展开，美国也终于参战，世界局势暗流涌动。克劳此刻正在加利福尼亚的自家果园中与妻子稍享短暂的平静生活，但他不愿长久置身事外，选择重返上海，效力于美国战时的宣传机构公共信息委员会（Committee on Public Information）。

1918年，克劳迈出了职业生涯最有影响力的一步：在上海创办了属于自己的广告推销代理公司——克劳广告公司（Carl Crow Inc.）。克劳自己说，这家公司的具体业务是"思考中国人可能会购买哪些东西，这些东西该怎样包装，采用哪些广告手段来提高销量更为有效"，为他"出售各类商品，从纺织机到香水样样都有"的客户们

克劳公司的商标

服务。克劳结合了中国人的消费心理和习俗文化,对西方流行的广告思维进行了本土化改造,成功在中国的广告中使用了摩登女郎的形象,攫取了众多读者的眼球。克劳充分利用他从事新闻工作时结下的良好人脉,批量购买广告版面,代理了一大批抢滩上海的外国企业的业务,生意空前兴隆。

随着公司业务蒸蒸日上,克劳也深度参与社会活动。他在上海的美国

卡尔·克劳(1940年代)

总会(American Club)担任会长,参与了上海公共租界的治安维护。1923年山东发生土匪劫持中外游客的"临城大劫案",克劳代表美国商会(American Chamber of Commerce)和美国红十字会到当地与土匪接触,救济被掳旅客的衣食。为了通畅传递信件,他制作了一种"抱犊崮土匪邮票",派上了用处。经各方参与斡旋,事件终获解决。克劳仍然热爱新闻事业,1929年曾在保险大亨史带(本名科尔内留斯·范德·斯塔尔,Cornelius Vander Starr)的支持下参与创办了英文《大美晚报》(The Shanghai Evening Post)。不过他的工作中心仍然放在公司的运行上,没有再度深入参与报刊的采编业务。

克劳的命运与中国牵绊甚深。1935年,他曾前往中国西部旅行,又来到日本人铁蹄下的伪满洲国,目睹了日寇窃据中国东北的无耻行径。1937年,战火终于烧到了上海,炸弹落在华懋饭店外,撼动了克劳的办公室。生命受到日本人的威胁,加上强

烈支持中国人民抗战使他越来越不受日本人的欢迎，克劳被迫结束在上海近二十年的广告生涯，把公司业务交由中国同事代理，启程返回阔别已久的祖国。

克劳很早就注意把自己的见闻形诸文字，奉献给读者。早在第一次来华的 1913 年，他就曾写过《游历中国闻见撷要录》(The Travelers' Handbook for China)。而在 1937 年，克劳更是一口气出版了两本关于中国的著作:《四万万顾客》(Four Hundred Million Customers) 和《我为中国人说话》(I Speak for the Chinese)，为苦难中的中国人民鼓与呼。返回美国后，克劳走遍全美各地，在推销他的畅销新书《四万万顾客》之余，积极参与援助中国的请愿活动，呼吁美国向中国伸出援手。1939 年，克劳又辗转经欧洲飞往缅甸仰光，经滇缅公路前往中国陪都重庆，采访了蒋介石、宋美龄、周恩来等中国政界要人，报道了中国人民艰苦卓绝的斗争。他返美后仍继续募捐，并努力帮助中国宣传抗战。

在经历了 1940 年的拉美之行之后，妻子的去世给了克劳沉重的打击，他的健康由此开始恶化。随后，克劳接到了美国陆军部的征召书，被派往战时情报办公室 (Office of War Information) 远东部，与欧文·拉铁摩尔等"中国通"们一起担任顾问。他对于中国的知识一度派上了大用场，又在努力撰写着关于东亚局势的新著作。可是丧妻的悲痛和病魔的侵袭终于拖垮了克劳的身体，1945 年 6 月 8 日，克劳因食道癌在纽约曼哈顿逝世。

克劳曾经说过，他希望被埋葬在苏州的行春桥畔，希望他的中国朋友在适当的时候在墓前为他烧些纸钱。可惜这个愿望未能实现，他最终陪伴在父母身边。但是他以另一种方式回到了中国——1945年美国士兵重返抗战胜利后的上海时，曾人手一册小开本的《四万万顾客》，作为驻扎这座陌生城市的指南。他的作品与他和中国人民结下的深厚友谊，始终与上海这座东方城市紧密相连，永远被人铭记。

卡尔·克劳的著作

1913—《游历中国闻见撷要录》（*The Travelers' Handbook for China*），上海：上海华美出版社（Hwa-Mei Book Concern）。

1914—《美国与菲律宾》（*America and the Philippines*），纽约：道布尔迪-佩奇出版公司（Doubleday, Page & Company）。

1916—《日本与美国：对比》（*Japan and America: A Contrast*），纽约：罗伯特·M. 麦克布赖德出版公司（Robert M McBride & Company）。

1937—《我为中国人说话》（*I Speak for the Chinese*），纽约：哈珀兄弟出版公司（Harper & Brothers）。《四万万顾客》（*Four Hundred Million Customers*），纽约：哈珀兄弟出版公司。

1938—《中国人就那样》（*The Chinese Are Like That*），纽约：哈珀兄弟出版公司。本书有英国版：《我的朋友中国人》（*My Friends, the Chinese*），伦敦：哈米什·汉密尔顿出版公司（Hamish Hamilton）。

1939—《他打开了日本的门户》（*He Opened the Door of Japan*），纽约：哈珀兄弟出版公司。

1940—《洋鬼子在中国》(Foreign Devils in the Flowery Kingdom)，纽约：哈珀兄弟出版公司。《认识南美人》(Meet the South Americans)，纽约：哈珀兄弟出版公司。《孔夫子：孔子的故事》(Master Kung: The Story of Confucius)，纽约：哈珀兄弟出版公司。

1942—《日本的世界帝国梦:〈田中奏折〉》(Japan's Dream of World Empire: The Tanaka Memorial)，纽约：哈珀兄弟出版公司。

1943—《伟大的美国顾客》(The Great American Customer)，纽约：哈珀兄弟出版公司。

1944—《中国就位》(China Takes Her Place)，纽约：哈珀兄弟出版公司。

1945—《弗林特城的崛起》(The City of Flint Grows Up)，纽约：哈珀兄弟出版公司。

克劳公司的广告牌

克劳广告公司的手帕廉价券（《申报》1931年10月8日第4版）

旁氏白玉霜广告，风格酷似克劳广告公司所作（《申报》1922年12月3日第16版）

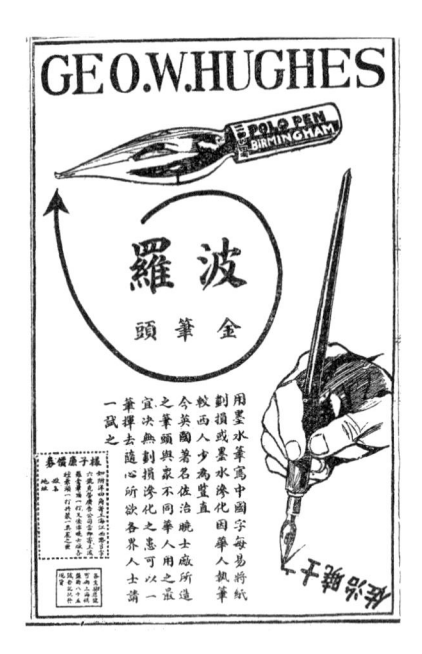

克劳广告公司的波罗金笔头广告（《申报》1924年4月20日"申报星期增刊"第4版）

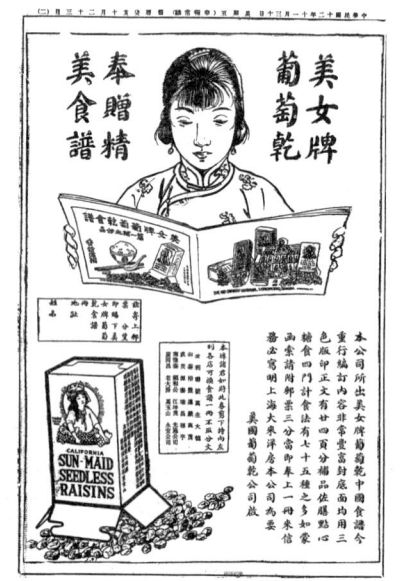

美女牌葡萄干广告，风格酷似克劳广告公司所作（《申报》1923年11月30日"申报常识"第2版）

萨巴乔小传

萨巴乔（Sapajou），本名格奥尔基·阿夫克先季耶维奇·萨波什尼科夫（Georgi Avksentievich Sapojnikoff，1893—1949），出生于沙皇俄国的中亚地区。父亲是个俄罗斯军官，母亲则是土库曼人。这个家庭地位显赫，生活优越，萨巴乔早年得以在莫斯科亚历山德罗夫斯基军事学校和圣彼得堡大学接受良好的教育。

萨巴乔

第一次世界大战期间，萨巴乔参加了沙俄军队。在战争中他左腿负伤，落下残疾。复员后，萨巴乔去莫斯科艺术学院的夜校学习绘画，学过建筑学的他触类旁通，非凡的才华由此萌发。

十月革命爆发后，萨巴乔离开祖国，于1920年来到上海。他是当时侨居上海"白俄"中的异类：才华出众，仪表堂堂，富有幽默感，能说流利的英语，还能来几句带洋腔的上海话。他的绘画才华帮助他在这里扎根——1923年起，他开始为上海最有影响的英文报纸《字林西报》(The North-China Daily News)绘制漫画，1924年起又开始为《字林西报》的星期刊《北华捷报》(The North-China Herald)绘制漫画，后来还成为《字林西报》的正式员工。到太平洋战争爆发两家报纸被迫暂时停刊时，他已贡献了超过15000张的时事漫画作品，作画时所用的笔名"萨巴乔"更为全上海的中外人士所熟知。

在上海这座"冒险家的乐园"，萨巴乔最大的收获是结识了最认可他惊人才华的朋友——卡尔·克劳。萨巴乔为克劳的著作《四万万顾客》(Four Hundred Million Customers)和《中国人就这样》(The Chinese Are Like That)所作的插画，使书籍增色不少。萨巴乔同时还参与了几家上海俄侨出版机构和报纸的事务。

上海渐渐被日本人的侵略战火波及，但萨巴乔始终对中国人民的最后胜利抱有最诚挚的希望，他曾在漫画的附言中写道："设想最坏的情况是明智的，但希望的光芒永远不会熄灭。"1941年太平洋战争爆发后，日军进入租界，萨巴乔被迫滞留上海。为了生存，他和旅华奥地利犹太漫画家许福（本名弗里德里希·席夫，Friedrich Schiff）等人组织了上海漫画家俱乐部（Shanghai Cartoonist Club），举办展览，出版书籍，试图帮助维持滞留上海的外国漫画家的生计。可是后来终于因为经济拮据，被迫到一家有纳粹德国外交部背景的杂志社工作，这为他的郁郁而终埋下了伏笔。

1945年抗战胜利后，《字林西报》复刊，战前该报的工作人员大多官复原职，可是萨巴乔未能回到报社。穷困潦倒了几年之后，他和全家人与其他五千名俄侨被疏散去菲律宾的图巴包岛（Tubabao Island）。这时萨巴乔已经罹患肺癌，1949年10月11

日在马尼拉逝世。

萨巴乔的美术作品主要是漫画，运用当时流行的钢笔黑白画法，紧扣时事，旁涉民俗。其漫画的水准和思想内涵用当时中国受众的话来概括，再好不过——

漫画家华君武多次回忆起萨巴乔作品对他的影响："他的画，线条流利、造型准确而又夸张得体，引起我极大的兴趣。我就把他当作我的老师，学他的画法。……我当时连签名都学他，后来要摆脱他的影响也是很困难的。可以这样说，学他的画法也学了几年，摆脱他的影响却摆脱了十几年，是在慢慢地摆脱。"

老报人徐铸成说："在此（1920年代）以前，中国报纸的时事漫画，还在幼稚状态，只有西文《字林西报》萨柏求的漫画有一定的艺术水平和思想内容……"

女作家张爱玲描绘街头卖橘子的伙计，如此落笔："现在他仰着头，面如满月，笑嘻嘻张开大口吆喝着，完全像 Sapajou 漫画里的中国人。外国人画出的中国人总是乐天的，狡猾可爱的苦哈哈，使人乐于给他骗两个钱去的。"

本书按原貌收录萨巴乔为《四万万顾客》所作的漫画，以此纪念这位伟大的漫画家。

萨巴乔的著作

1937—《上海的喧嚣》(*Shanghai's Schemozzle*)，与 R. T. 佩顿 - 格里芬（R. T. Peyton-Griffin）合作，上海：字林西报与北华捷报（The North-China Daily News & Herald, Ltd）。

译后记
"隔"与"不隔"

徐 阳

尽管中外人士对"中国通"的定义各不相同，却几乎都不会绕过这项标准：有兴趣认识并了解普普通通的中国人——校园或自己所在专业圈子之外的中国人。克劳在这方面拥有得天独厚的条件，他在序言中称，自己所从事的职业就能为写作本书提供理由。此言极是。作为广告人，他不得不去接触当地各领域客户，研究普通中国顾客的习惯和心理；而他最初投身于新闻业，更是需要同各国各色人等打交道。

克劳不仅采访过国共高层领导人，也曾在长江流域洪灾中采访过当地乞丐首领；他既有强大的报刊媒体中外人脉，也曾亲临匪巢与土匪直接交涉；他不仅认识伍廷芳这种拥有博士学位的中国外交官，也认识大字不识一个却有着惊人脑力的木工承包商。克劳不是那种九点走进外企办公室、五点下班回到豪宅、一有空就泡在各种总会里的外侨，广告人和新闻人的好奇心驱使他一有机会就尽可能多地接触普通中国人——有的也不算太普通，就连我们这些土生土长的中国人都会觉得意外。从字里行间可以读出，克劳相信高手在民间，真相也在民间。

本书 2011 年版译者、较早译介克劳其人其事的夏伯铭先生，于《洋鬼子在中国》[①] 译后记中翻译并引用了 1941 年版美国《当代传记》(Current Biography) 对卡尔·克劳的部分介绍："……克劳先生认识中国军阀、商人和盗匪、大型海港城市街头的人们以及内地小村庄的人们（但他接触的中国学者显然很少），他了解他们，喜欢他们，愿意向他们学习，与他们一起讨论。"读到这里，我不禁会心一笑。克劳的著作绝非学术型的，他接触的中国学者"显然"也不多。为了辅证自己的观察和结论，他的确会适当引用统计数据，讨论饮食的第十四章就结合了齐鲁大学研究报告中的数据资料。然而他更喜欢诉诸"聊天记录"和亲身经历，他的关注点多半不在我们所谓的"学术"内容上——不管对谈者是否具有学术背景。克劳认为，中国人会认真而准确地给出关于事实和数据的具象真实，却不乐意表达关于个人观念和意见的抽象真实。有意思的是，他本人在书中体现的特点恰好相反：他更热衷于结合观察表达个人观念和意见。他更渴望与读者分享的并不是深受商界青睐的统计数据，而是他对中国人心理的直观了解和感受。这一侧重点，既来自克劳本人长期以来对营销心理孜孜不倦的调研，也源自当时在中国获取确切数据的难度。

他对中国人的认知，有些今天看起来非常眼熟，甚至有不少依然能说到我们当代人心坎儿里：中国人对商品包装微妙变化的敏感和警觉，对讨价还价的热切之情和广泛运用，疯狂的大减价竞争，充分利用一切、变废为宝的勤俭节约，对推销员伶牙俐齿

[①] 卡尔·克劳著，夏伯铭译，上海：复旦大学出版社，2011.1。

的警惕与反感，干活一定要热热闹闹、忙忙碌碌——哪怕办公场所不忙也要假装很忙，商家获得初步成功后难以抵抗以次充好的诱惑，洋货抵制运动总是短暂的……当然，还有跨文化研究者们说起中国都喜欢提及的"面子""关系"和"风水"等体系——克劳不仅书写这些体系及其原则在中国社会生活方方面面的运用，自己用起来也是游刃有余。如今，现代科技加持之下的各种网络购物平台同样能见到克劳提及的种种促销手段和顾客反应；外国新品牌来华，品牌策划依然要给它取一个有特色和区分度的、朗朗上口却要避开粗俗双关语的中文名；外国人面对中国的能工巧匠和多面手同样会赞不绝口；而克劳当年负责推广的加州小红盒子葡萄干，现在虽为顺应当代人的心理改了中文商品名，却依然和经过克劳公司"洗礼"的老名字有着异曲同工之妙；将食品的药用价值当作卖点，今天的中国人依然有很多会毫不犹豫地买账……倘若克劳重返当代中国，想必会充分利用社交媒体和大数据，对这些"变"与"不变"再度展开分析和调查。

  本书出版后，幽默的行文、开放的态度以及求是的深度颇受海外媒体和读者赞誉。这是那个年代外国读者们难以获取的"一手干货"，描述也相对客观。马克·威尔金森（Mark F. Wilkinson）对比了在太平洋战争期间出版回忆录描述上海时光的美国人："除了克劳之外，这些作家都把自己描述成了开明的世界主义者，都提及了中国和欧洲的朋友、客户以及晚餐伙伴。相比之下，克劳像一个厚脸皮中国通那样让读者相信，这些'当地人'真的不愿意去外国人的俱乐部或者公园。克劳笔下的中国'买办'认为，和'洋鬼子'吃饭如同西方人用筷子吃饭那样别扭。"① 克劳的确是个厚脸皮，他不仅曝光了一些外侨在华的优越感与得意之情，还曝光了能够打击这种傲气的秘密武器——中国动物对白人体味的强烈反感以及由此引发的强烈反应。克劳在书中也剖析了外国商人或访客对中国存在的种种误解或错觉，比如，他会聊聊那些因为中国人讲面子得以签下大笔订单、随后又遭遇大量取消的外商，还有那些认为东西足够便宜就能吸引到中国顾客的天真外国厂家。正如保罗·法兰奇在本书前言中所称，克劳对此甚至有些"窃喜"。

不过，克劳自己也未能完全摒弃主观化的个人色彩以及片面性。"厚脸皮中国通"往往会十分自信地解读所闻所见。马克·威尔金森评论道："在朴可、克劳以及其他人的回忆录中，我们可以体会到，美国人将他们在这座城市里的地位、他们在中国人的心目中的地位做了浪漫化的描述。"② 这句评价十分中肯，克劳的作品也未能幸免。克劳能够意识到中国人的勤勉与智慧，意识到中国人吃苦耐劳的精神，对各行各业的普通体力劳动者也体现出了那个年代难能可贵的尊重。然而，他本人与仆人或员工的关系、黄包车劳资之间的纠纷、中国女性的状况以及水陆拾荒者等话题，在他笔下或许同样存在过于简化之嫌；他对底层民众的描述，或许也在辛酸之余染上了丝丝缕缕的欢快色彩。克劳认为，中国人具有乐天的秉性。他觉得中国人夏季典当冬衣并非因

---

① 马克·威尔金森，《上海的美国人社团（1937—1949）》，朱余刚译自《新前沿：东亚的帝国主义新社团，1842—1953》，见《上海的外国人（1842—1949）》（熊月之、马学强、晏可佳选编，上海：上海古籍出版社，2003.12）第94—95页。
② 同上，第101页。

为缺钱，而是让当铺老板代为保管，并能趁机借一笔小钱。论及某位不管行程长短只给黄包车夫二十分钱的外国人，他称车夫们接那人坐车存在着愉快的运气成分，那些气喘吁吁地跑了长途却只拿到二十分的人，既说不上高兴，也说不上不高兴，将这视为"风水轮流转"。书中如此种种，或许在我们看来更多是出于无奈和苦中作乐。张爱玲在《中国的日夜》中有言："外国人画出的中国人总是乐天的，狡狯可爱的苦哈哈，使人乐于给他骗两个钱去的。那种愉快的空气想起来真叫人伤心。"[1] 而前一句，她写的恰是某位橘子小贩，酷似萨巴乔（本书插画作者）的画中人。

然而，较同时期居高临下书写东亚的外国作者而言，克劳对中国人心理所做出的诠释渗透了友好的同理心、富于理解的意愿以及较为可靠的事实基础。这些不仅仅是出于克劳对中国、中国市场以及中国人多年以来积累的美好情感，也出于他竭力让美国人了解并喜爱中国、让他们主动支援中国抗战的良好动机。很多时候，克劳或许也只能基于自主探索得来的事实揣测，也只能在"隔"与"不隔"中窥见冰山一角。尽管他的视角相对客观，在形成理解的过程中却难免也戴着时代和个体身份的镣铐。他自己也非常清楚，有时很难让中国人掏心掏肺地说出真实想法，无论是出于维护对话人的面子，还是基于其他原因。他也在书中提及，人们会轻易总结出有关其他民族和国家的概括性论断，人类的主观心智和头脑使然。结合社会生活史料，读者自有评判。

---

[1] 收入1946年11月上海山河图书公司《传奇》增订本，本文参张爱玲《华丽缘》，北京：北京十月文艺出版社，2019.6。

出版后记

提到民国，大家想到的可能是"民国范儿"，可能是军阀割据，可能是文人逸事，也可能是维护民族独立和国家完整的抗日战争。至于民国时期的社会生活情况和商业运作模式，一般人可能就不太了解了。这本《四万万顾客》，正是洞悉民国社会经济风情的绝佳读本。

《四万万顾客》的作者是美国记者、商人、作家卡尔·克劳，他是最早来到上海发展广告事业的外国人。当时全中国有四亿（旧称"四万万"）人口，克劳把他们全都当作潜在的顾客来认真对待，在服务顾客的过程中，一连串诙谐有趣、耐人寻味的小故事发生了。克劳以充满温情的笔触书写了真实的民国，在当时澄清了外国人对中国存在的误解，也为中国人的国民性、处事方式和商业特点留下了珍贵的记录。立足今天，回看书中的过去，许多相通之处足以使人会心一笑。

《四万万顾客》在1937年正式出版后，即博得如潮好评，成为畅销书，后来又多次再版，还曾作为抗战胜利后进驻上海的美国士兵的必读书。克劳在中国生活了二十余年，一直努力着要更加了解中国、更加理解中国人。他关于中国的著作传神而动人，他的广告事业曾帮助中国商业实实在在地发展，在中华民族面临危难时，他也曾努力为苦难中的中国鼓与呼。他是中国人民真正的好朋友。

在本书的出版过程中，译者徐阳女士做了大量辛勤的工作；克劳的传记作者保罗·法兰奇先生慨允我们无偿使用他为英文版《四万万顾客》（Earnshaw Books 2008年重印本）所写的前言作为本书前言，又提供了有关克劳的若干珍贵照片和资料；舒雨先生特为本书撰写了《"临城大劫案"中的克劳》一文，这里一并致以谢忱。由于编辑水平所限，书中不足之处在所难免，恳望读者提出批评，以便改进。